le goût des Belges

le goût des Belges

éric boschman et nathalie derny

photographies de sven laurent

ÉDITIONS Racine

Cet ouvrage paraît simultanément en néerlandais aux Éditions Lannoo sous le titre *De smaak van de Belgen*.

52, rue Defacqz • B – 1050 Bruxelles
www.racine.be

D. 2006, 6852. 42
Dépôt légal : novembre 2006
ISBN 978-2-87386-481-1

Imprimé en Belgique

« Il faut toujours savoir pourquoi »

Paul Valéry

C'est sur la route, en écoutant une rediffusion nocturne sur *La Première*, vers le printemps 2005, que m'est venue l'idée. Cela parlait des 175 ans de la Belgique, des perspectives d'avenir et de bien des choses que j'ai oubliées depuis lors. J'étais dans cet état un peu hébété qui est le mien lorsque je termine mon boulot tard dans la nuit. Le staccato de l'autoroute de Louvain, l'éclat lancinant des lampes au sodium, cette longue ligne droite, m'ont fait replonger dans ma prime enfance. Je me suis souvenu de ce bruit, des trajets chez mes parents à Grandrieu, dans la région de Chimay, et chez ma grand-mère, à Meise, dans la périphérie bruxelloise. De fil en aiguille, une idée chassant l'autre, un mot par-ci, par-là, je suis arrivé au « goût des Belges ». La question est toute simple : qu'est-ce qui unit encore les Belges aujourd'hui ? Que personne ne vienne me parler de surréalisme et autre tartufferie du genre, la culture est vraiment le dernier point à évoquer comme réponse. La politique ? N'en parlons pas. Le sport ? À part nos joueurs et joueuses de tennis et un ou deux cyclistes, d'un point de vue ferveur populaire, il y a belle lurette que les Diables Rouges ne le sont plus que de honte. Bref, au volant de ma voiture, ce soir-là, l'évidence se trouvait dans la bouche des Belges. Nous avons tous mangé des nic-nac, melo-cakes, chacha, chokotoffs, et j'en passe et des meilleurs. Qu'importe que ces produits ne soient pas tous locaux, qu'ils ne soient pas tous magnifiquement artisanaux, ils constituent notre goût, une partie de notre inconscient collectif. L'idée bien au chaud, j'en ai parlé à mon amie Nathalie qui a tout de suite embrayé. Juste un mot, et elle avait les gestes. Elle a trouvé d'autres idées, elle en a ajouté, elle a rédigé de son côté une grande partie des textes, moi du mien l'autre partie. Certes, le choix des produits ne fut pas sans heurts, mais ça a surtout été drôle. Mireille, Flamande, a corrigé le français. Sven, des Cantons de l'Est, a mis le tout en image. Un vrai livre de Belges quoi, où l'Union fait (encore) la Force. À l'heure de la publication, il me faut remercier celles, au départ, qui ont cru dans ce projet, Anouk Van Gestel et son équipe incroyable qui ont formaté, l'an dernier, un « goût des Belges » au goût des lectrices de *Femmes d'Aujourd'hui*. Si ce goût-là n'avait pas existé, celui-ci n'aurait pas vu le jour. Cette version-ci est un peu plus... brute, moins... enfin, vous verrez. Un dernier mot, pour remercier mon associée qui m'a laissé divaguer dans mes délires et puis à mon éditeur, tant qu'à faire, comme ça, si je ne gagne aucun prix littéraire avec cet ouvrage, et que donc, si je n'ai pas l'occasion de faire semblant d'être surpris sur un podium, face à une nuée de photographes en délire ou un truc du genre, au moins c'est fait publiquement.
Bonnes lectures

Éric Boschman

Le filet américain

Voilà bien le type même du produit qui rend fou, non pas à la consommation, j'y reviendrai, mais bien à l'écriture. Première question fondamentale : pourquoi filet américain chez nous, alors que le reste du monde le nomme steak tartare ? Je sais, c'est par ignorance, pauvres sots qu'ils sont, ils ne font pas la différence. N'empêche, la question reste entière, à la différence de la viande, pourquoi américain ? Deuxième question, et pas moins fondamentale : d'où est-il originaire ? Suivant les sites, on évoque Charleroi, dont le rapport à l'Amérique est bien connu, ou le Hainaut, c'est encore plus nébuleux, voire Vilvorde. Dans ce dernier cas, il y aurait une logique : c'était là que se trouvait le plus grand abattoir de chevaux du pays, il y a quelques décennies. Comme, à l'origine, l'américain était du cheval, il y aurait baleine sous gravillon. C'est peut-être aussi à cause du cheval qu'il porte son nom d'américain, ben oui, les cow-boys, les Indiens et la cavalerie qui arrive toujours trop tard, se déplaçaient à cheval. Au début du siècle, aux débuts du cinéma, on aurait vite fait de marier les deux. D'accord, c'est plausible, mais alors se pose la troisième question : depuis quelques années, on trouve, de plus en plus souvent, une variante du sandwich américain nommée Martino, chose pas terrible composée d'américain, de moutarde, de ketchup et d'un trait de Tabasco. Qui est Martino ? Pourquoi Martino ? Pourquoi les vaches ont-elles des cornes et les chevaux pas ? Assez, c'est trop de questions pour l'instant. Un bon américain se sert accompagné de frites et de mayonnaise. Les oignons hachés et les câpres sont facultatifs. La demi-coquille d'œuf, avec le jaune dedans, plantée au milieu de la viande, est peu recommandée. Le risque est déjà suffisamment élevé comme ça pour ne pas en rajouter. L'américain non préparé du boucher, juste avec une *clouche* de mayonnaise, du sel et du poivre… Pff, c'est vraiment l'image du bonheur.

La Duvel

La Duvel ne fait pas seulement partie du goût des Belges. Sa renommée a largement dépassé nos frontières et elle s'exporte à travers le monde. Selon certains fans, elle constitue à elle seule un type de bière. Comme quoi, il n'y a pas que moi qui exagère.

Ce style est anglais au départ parce qu'elle est brassée à la façon britannique, comme les ales. Et ce départ date de 1924, naissance officielle de ce « diable de bière ». C'est ainsi que la nomma Albert Moortgat, premier d'une longue lignée de brasseurs, quand il goûta le produit fini. Le nom de « duivel » (diable en néerlandais) est resté et la Duvel était née. Les héritiers, ils en sont à la quatrième génération de Moortgat, n'ont en rien modifié la recette originale et dans sa composition n'entre aucun additif, aucun colorant, aucun arôme. La même souche de levure est toujours utilisée. C'est qu'une réputation, ça se mérite et ça ne repose pas sur du vent !

La Duvel est, à vrai dire, une bière assez exceptionnelle. C'est une bière de haute fermentation, refermentée en bouteille pendant 8 à 9 semaines. Son goût reste inchangé jusqu'à la troisième année où il commence à s'arrondir. C'est une bière dorée, à la mousse généreuse et aux arômes de pommes, de poires et de paille. Un des secrets de cette bière vient du fait que ses arômes puissants ne dissimulent que trop bien sa force alcoolique de 8,5 degrés. La Duvel, c'est de la puissance qui se laisse boire comme rien. C'est bien là le problème. Personnellement, deux de ces diables de bières me font rouler sous la table.

Une Duvel doit se déguster dans son verre tulipe, tout en rondeur, qui permet la formation d'un beau col de mousse. N'essayez pas d'utiliser un autre verre. Vous aurez peut-être la chance d'obtenir une mousse d'une hauteur satisfaisante, mais ensuite, au lieu de retomber, elle va continuer à monter et vous ne serez pas près de vendre votre âme au diable.

La Duvel en ligne

www.duvel.be

Le cervelle tartare

Même si on trouve souvent de la cervelle dans les restaurants, je n'oserais pas m'avancer en parlant de belgitude à propos de la chose. Par contre, c'est pour moi un souvenir, c'est donc mon goût de Belge. Ce souvenir remonte à la veille de mes dix-huit ans. J'ai découvert l'amour charnel ce soir-là, et, après la découverte, j'ai rencontré une faim de loup. Dans le frigo de la cuisine du froid, il n'y avait que des cervelles d'agneau, dans un jus de cuisson froid et de la tartare. Depuis, je n'ai pas encore remangé une aussi bonne cervelle, mais bon, j'ai comme qui dirait un doute quant à la qualité réelle de cette cervelle, d'ailleurs, si je fouille bien ma mémoire, il me semble ne pas l'avoir terminée pour cause de parachèvement de découverte.

En attendant, voici **une recette** pour vos longues soirées d'hiver

• Faites dégorger 4 ***cervelles*** *pendant 2 heures à l'eau froide, nettoyez-les et mettez-les dans une casserole d'eau froide • Portez à ébullition et laissez cuire à frémissement pendant 15 minutes • Égouttez les cervelles sur une serviette • Lorsqu'elles sont froides, coupez-les en tranches et nappez-les de sauce tartare.*

La sauce tartare

*• Écrasez 1 jaune d'****œuf*** *dur, salez, poivrez et montez en mayonnaise avec 1 dl d'****huile*** *• Ajoutez 1 filet de* ***vinaigre*** *et 1 cuillère à café de* ***ciboulette*** *hachée.*

La Blanche de Hoegaarden

Voilà bien un morceau du goût des Belges qui est surtout d'aujourd'hui. Une bière inventée il y a longtemps, conservée par un certain monsieur Célis. Suite à l'usure de ses installations, il modernisa le tout dans les années 80. Le succès fut tel que le groupe belgo-brésilien Inbev se l'est offerte. La brasserie, hein, et cette bière si particulière, avec son look en dépit du bon sens qui annonçait le cortège des bières spéciales. Moyen, pour une trop grosse partie d'entre elles, d'être surtout des accroches « marketing » et pas vraiment spéciales avec ça. La Hoegaarden Blanche est en quelque sorte une pionnière. Son aspect trouble, ses arômes différents de coriandre et d'écorce d'orange font d'elle un ovni brassicole. Enfin de moins en moins ovni, quand on voit le nombre de Blanches nées depuis, on peut se dire que le combat est gagné. Les dernières attitudes du consommateur de Blanche sont un peu agaçantes.
Passe encore pour la tranche de citron, qui ne fait qu'ajouter une note agrume, par contre le verre glacé me glace d'effroi. Une bière aromatique, déjà proposée très fraîche, ne gagne rien à être servie dans un verre sortant du congélateur, sauf à perdre son goût. Si c'est ça le but, alors je m'incline. Mais à ce tarif-là, je préfère l'eau. Pour en revenir à la Blanche proprement dite, un jour d'été, sur une terrasse, avec le flot des passants qui déambulent à toutes jambes telles des fourmis énervées, c'est un grand moment de calme et de volupté, du bonheur avec quelques bulles.

La **Blanche de Hoegaarden** en ligne

www.inbev.com

La tête de veau en tortue

Vous connaissez cette recette, probablement, de chez nous. C'est d'ailleurs paradoxal de trouver dans une cuisine riche comme la nôtre autant de plats de tripes et abats, de cette recette-ci aux choesels en passant par les cras boyas, alors que l'on ne trouve pratiquement plus un tripier digne de ce nom dans tout le royaume. Vous la connaissez, mais savez-vous pourquoi on la nomme « en tortue » ? Simplement parce que la sauce de garniture était aussi destinée, à l'origine, à préparer différentes espèces de tortue. Loin de ce que nous connaissons aujourd'hui et qui peut être fort bon, la tête de veau des origines est un plat de luxe et de fête. Les garnitures y étaient multiples, cervelle, lames de truffe, écrevisses, croûtons frits. C'est un peu *Le Festin de Babette* rien qu'à le raconter. Ça c'est de la vraie cuisine, pas du « naked chief », mais bon, faut avoir le temps pour se lancer là-dedans. La tête de veau en tortue est, bien entendu, une appellation totalement incontrôlée, pas la peine de croire que quelqu'un pourrait la faire à l'ancienne et la commercialiser sous sa forme actuelle. Autrefois plat de fête, elle était préparée pour les grandes occasions. C'est devenu avec le temps un grand classique de la cuisine bourgeoise. Aujourd'hui, elle se mange tout aussi bien froide que chaude. Personnellement, j'ai tendance à la préférer froide, en gros cubes, pour avoir de la mâche, de la consistance, accompagnée d'une sauce ravigote. Voire en tranche fine avec un trait de moutarde de Gand. C'est quand même vachement bon ce truc, hein ?

Le waterzooi de poissons

Le nom de Gene Bervoets ne vous dira, malheureusement pour vous, pas grand-chose. Pourtant, cet homme a fait une découverte fondamentale pour l'histoire de la cuisine belge. Gene a démontré durant quatre saisons, à la télévision flamande, que le waterzooi était une base fondamentale de la cuisine mondiale. Globalement, pour lui, tout est inspiré de ce plat étrange, à la fois potage et plat de résistance. N'allez pas croire qu'il soit sérieux ; il s'agit juste de faire comme si c'était sérieux. Il n'empêche que l'homme n'a pas fondamentalement tort. Cette recette est universelle. C'est d'ailleurs pour cela qu'il n'y en a pas vraiment lorsqu'il s'agit de la version poissons. Dans le goût des Belges, c'était indispensable. Surtout parce que la recette n'existe pas, mais aussi parce que nous avons tous eu à subir de la part d'un très mauvais traiteur pour un très mauvais banquet un très mauvais waterzooi de poissons composé d'un morceau de saumon gris et cubique, d'une tranche de lotte caoutchouteuse et de trois moules, le tout baignant dans une sauce crème allongée au lait pour faire des économies de bouts de chandelles. Ça c'est pour le pire. Pour le meilleur, suivez la recette, y a rien de plus facile : le waterzooi désigne une préparation à l'eau bouillie. Le waterzooi de poissons, c'est la bouillabaisse d'Ostende. En mieux.

Pour le meilleur, suivez la recette

*• Mettez des **déchets de poissons** (têtes, peaux, arêtes et carcasses de crustacés) dans une marmite et couvrez d'eau • Ajoutez quelques grains de **poivre**, un peu de **bière**, un demi-gros **oignon**, des racines de **persil** et une **échalote** • Amenez à ébullition et laissez mijoter pendant une demi-heure • Nettoyez les **moules**, versez-les dans une casserole sur feu vif en remuant régulièrement • Quand toutes les moules sont ouvertes, récupérez le jus et retirez la chair des coquilles • Tenez au chaud • Coupez des **carottes**, **céleris** et blancs de **poireaux** en julienne. Faites fondre du **beurre** dans une grande casserole, ajoutez-y les légumes • Faites suer et posez le poisson par-dessus • Ajoutez le jus des moules et le fond de poissons passé • Menez à ébullition complète puis laissez mijoter quelques minutes • Versez le tout dans une soupière chauffée • Ajoutez un peu de **crème double** en même temps que les moules et des **crevettes grises** • Et hop et hop, le tour est joué.*

La Maredsous

Ce n'est pas pour rien que la Belgique est située où elle est située, là dans ce petit bout d'Europe. C'est parce que ça sent la bière de Londres à Berlin. Ça sent la bière, Dieu qu'on est bien. C'est vrai qu'on y est bien. C'est vrai qu'on aime la bière, et si, dans ce recueil de produits, certaines des bières que vous préférez ne s'y trouvent pas, ne m'en veuillez pas. En pensées, elles y sont, à travers celles que j'évoque et qui ont simplement la chance d'être les plus connues.

En Belgique, il existe des bières d'abbaye et des trappistes. Il ne faut pas confondre les deux. Il n'y a que six trappistes : la Chimay, la Rochefort, l'Orval, la Westmalle, la Westvleteren et l'Achel. Les gens utilisent souvent à tort le terme « trappiste ». Ainsi, la Maredsous n'est pas une trappiste mais une bière d'abbaye. La caractéristique de ces bières d'abbaye est qu'au fil du temps, les religieux en confièrent le brassage à des brasseries indépendantes. Brasseries extérieures à l'abbaye et même parfois fort éloignées.

Les bières d'abbaye sont de fermentation haute, maltées, fruitées et fortes. Quelle que soit la brasserie à laquelle la production est confiée, l'abbaye reste propriétaire de la recette et donne son nom à la bière. C'est le cas de la Maredsous, brassée par la brasserie Duvel Moortgat à Breendonk. Elles sont quatre, les Maredsous, pour deux clochers à l'abbaye. Regardez sur l'étiquette si vous ne me croyez pas. La 6 blonde, la 6 brune, la 8 et la 10. De l'ambre au brun, elles flirtent avec le malt caramélisé, le fruit et le moelleux. Tout un programme pour une soirée de détente. À prier. Selon la règle de saint Benoît, bien sûr.

La Maredsous en ligne

www.maredsous.be

Le pas de bleu

La petite histoire des fromages bleus ou à pâte persillée est assez mignonne. C'est celle d'un p'tit gars (un bleu) que sa belle faisait courir. En amour, une des techniques pour mieux attraper l'autre est de le battre à la course. Il courut tant et tant qu'un jour, sur un départ précipité, il oublia son casse-croûte, fait de fromage et de pain, dans un coin de campagne. Quand il revint à son point initial, harassé et affamé après plusieurs semaines épuisantes à battre ladite campagne derrière la drôlesse, il se jeta tout naturellement sur sa boîte à tartines. Si l'aspect des choses était peu ragoûtant, la faim était trop grande pour s'arrêter à ce point de détail, et quelle ne fut pas sa surprise de goûter un fromage métamorphosé et d'un goût étonnant. On peut encore améliorer l'histoire en contant que l'endroit de l'oubli du lunch packet était une grotte, ce qui introduit tout naturellement l'acteur principal : le penicillium roqueforti, champignon responsable de la transformation de ces fromages et présent sur les parois des galeries naturelles du plateau du Combalou à Roquefort. Si le fromage de Roquefort est le plus réputé de tous les bleus, d'autres méritent aussi qu'on s'y attarde. C'est le cas du célèbre stilton anglais et de notre pas de bleu national.

Ce n'est pas pour rien que je vous parle du Combalou, si éloigné de notre ville de Gand. C'est que sur le plateau calcaire français se trouve cette belle moisissure à l'état naturel. Ce qui n'est certes pas le cas des caves gantoises. Comme pour tous les bleus du monde, le processus de fabrication exige la présence du penicillium roqueforti et un microperforage à l'aide d'aiguilles pour que le champignon puisse s'introduire au cœur du fromage. Dans le cas du pas de bleu, cette étape se produit par adjonction manuelle du champignon et non par contamination naturelle. La maturation du pas de bleu dure deux mois. Ensuite, le fromage est gardé à basse température pour stopper la croissance mycélienne.

Dernière petite histoire pour la route : le pas de bleu se nomme ainsi car lors de la première tentative de création de ce fromage, les choses ne se passèrent pas comme prévu et le fromage n'était pas bleu. On n'obtint « pas de bleu » du tout. Par la suite, les choses s'arrangèrent. Ouf ! Le mot pour la fin est que si le pas de bleu ne fait pas partie depuis toujours du goût des Belges, il a le mérite d'avoir été un de ces fromages créés à l'intérieur de nos frontières pour utiliser les excédents laitiers. Bravo pour cette initiative.

La gueuze

Quelle histoire que cette gueuze, serait-elle de plomb, ou de mauvaise vie, encore femme de gueux, voire boisson favorite des gueux que l'on n'en saurait rien. Oui mais voilà, elle est fille de Lambic et pas de Sidonie. Comment fait-on la gueuze demandais-je un jour à Jean-Pierre Van Roy, de la brasserie Cantillon ? Avec de l'amour et un peu de patience, me répondit-il. Certes, je savais déjà que l'amour demandait beaucoup de patience, je pouvais subodorer que courir la gueuze en demanderait aussi. La gueuze, c'est un peu le champagne des bières. Le miracle de cette chose, c'est la mise en bouteille de deux lambics, un jeune, un vieux. Le jeune contient encore quelques ferments en état de marche, le vieux quelques matières encore gentiment fermentescibles. Les deux, fermente-mi et fermente-moi, sont enfermés dans une bouteille. Fermente-mi tombe dans l'oubli, que reste-t-il ? Fermente-moi pardi ! Et c'est parti mon kiki. C'est la fiesta là-dedans le flacon. Les levures indigènes entament la danse du scalp au sucre. Et vas-y que je dévore la chose pour en faire de l'alcool et comme déchet un peu de gaz carbonique. Ainsi naît la bulle. Une gueuze est une chose fragile, non édulcorée, non filtrée bien sûr, et surtout pas tripotée pour garder un col blanc de mousse épais comme l'iceberg du *Titanic* et à peu près tout aussi insubmersible. La gueuze se stocke en bouteille, parfois pour de longues années, quand elle n'est pas dégorgée, à l'instar de son cousin champenois, elle est capable de défier le temps. Il existe encore, dans le Pajottenland, quelques joyeux maniaques fiers d'accumuler les flacons des meilleurs faiseurs, histoire de faire la nique au temps qui passe et de se délecter, de temps à autre, d'une vieille gueuze d'il y a quatre ou cinq ans. Avec juste ce qu'il faut d'amertume en fond de bouche pour faire regretter le temps de la jeunesse, mais pas assez pour ne pas apprécier de vieillir.

Le waterzooi de volaille

Le waterzooi de volaille, c'est notre poule au pot à nous. Coup de bol, nous n'avons pas de Ravaillac, donc pas de raison de s'en priver. Et pourtant, waterzooi, que de crimes ne commet-on pas en ton nom ! Si le waterzooi de volaille est une préparation d'apparence simple, c'est un truc complexe à réussir comme toujours dans ce genre de cas. Pour bien faire une belle poule au pot, il faut une jolie poule, pas trop vieille mais pas trop jeune non plus, pour qu'elle ait du goût. Ensuite, il s'agit de la cuire au bouillon. À la fin de la cuisson, on démonte la volaille, pas comme une poule au riz mais comme un poulet rôti. On récupère le bouillon et c'est là toute la magie du waterzooi, toute la richesse flamande de la chose. On va ajouter de la crème, des œufs. Enrichir le jus. Surtout ne plus le faire bouillir, au risque de choper une omelette et l'omelette au poulet, c'est une tout autre affaire. Le waterzooi, le vrai, le pur, le dur, se sert en assiette à potage. Un morceau de volaille entouré de légumes – patates y compris – pour la couleur et le goût, généreusement baigné de sauce. Rien de tel qu'un waterzooi bien moelleux au milieu de l'hiver pour oublier les frimas et les pluies qui glacent jusqu'aux os.

Le fromage de Chimay

Comme déjà souligné à plusieurs reprises, il y en a des choses à Chimay (veuillez vous reporter aux magnifiques chapitres dans le domaine, ça m'évitera de me répéter) !
Qui dit pinard, dit vigne, qui dit bière, dit orge et houblon, qui dit fromage, dit vache. La chèvre, la brebis, la jument, le yak ou le rhinocéros donnent aussi du lait, mais ici, on se contente des vaches, question de facilité. Pour faire du lait donc, il faut des vaches et pour élever des vaches, il faut de la verdure. Ouf, on n'en manque pas dans la région.
Dès 1876, les moines trappistes du coin ont découvert le secret de fabrication de la chose. Je m'exprime mal, ce n'était pas vraiment un secret du genre Saint-Graal ou potion de Panoramix. Je veux simplement dire que ce fut l'époque où ils mirent le doigt, et le bon, sur la fabrication du fromage de Chimay. Il s'agit, hormis le Vieux Chimay, de fromages à pâte demi-dure (on peut dire aussi demi-ferme, ça fait plus « nature », je trouve) et non cuite. Il se décline en quatre exemplaires ayant chacun leurs caractéristiques. Le Grand Classique est leur grand classique. Il se présente en roue de 2,2 kilos. De texture onctueuse, son goût rappelle celui de la croûte de pain et du lait de ferme frais. Le Chimay à la Bière est comme son nom l'indique affiné à la bière locale. Durant son séjour en cave, il est lavé régulièrement et avec amour à la trappiste, ce qui lui confère un net arôme de houblon et de fruits. Le Grand Cru subit une période d'affinage plus longue que les autres et le Vieux Chimay est, quant à lui, un fromage à pâte dure et pressée, affiné pendant 8 mois durant lesquels il acquiert une délicieuse saveur de noisettes agrémentée d'une pointe d'amertume.
Cela fait pas mal de temps que les moines se consacrent à la prière, à la lecture (j'espère secrètement que cet ouvrage sera disponible à la bibliothèque de l'abbaye), à la fabrication de la bière et du fromage. Le goût de ce dernier a quelque peu évolué au fil du temps pour s'adapter à nos papilles darwiniennes, mais cela reste un fromage de tradition affiné à la main de moine dans les caves voûtées de l'abbaye. Ce qui lui conserve toute son authenticité !

Le tango

Le tango, c'est une danse argentine sensuelle, compliquée et d'une beauté, lorsqu'elle est bien exécutée, rare. Au son du bandonéon, un homme et une femme enlacent leurs jambes, leurs bras, leurs yeux, leurs doigts et scandent la vie, la mort, l'amour. Le tango moderne est encore plus sensuel que l'ancien. Encore plus à vif, exprimant à la fois la fierté de l'hidalgo triste éloigné de ses racines et de l'homme né dans ce coin d'Amérique, loin de cette Europe qu'il fantasme. Le tango, c'est aussi une façon de chasser le gris du quotidien, les années noires récentes du pays. Le tango, c'est un art de vivre, une façon d'exister, d'être tout simplement. Un danseur de tango en civil peut être vieux, gris, moche et voûté. Quand la musique commence, il redeviendra celui qu'il a rêvé d'être un jour, celui qui se tenait droit et qui, de son œil noir, considérait le monde comme quelque chose de lointain, de vulgaire presque. Un tango, c'est tout ça. C'est aussi parfois un opérateur téléphonique luxembourgeois. Mais alors, dites-moi, qui pourra m'expliquer pourquoi ce subtil mélange de pils et de grenadine de bas étage destiné à égayer les soirées estudiantines et autres guindailles du Carré porte ce nom ? Est-ce à cause du regard du buveur après douze tangos ? Ce regard qui considère vulgairement le monde autour de lui avant de poser tranquillement ses tripes dans le caniveau. Est-ce à cause des mouvements délicats des doigts qui jouent le long des cannelures de la base du verre à pils ? Ou est-ce à cause des filaments de sirop carmin qui dansent à des profondeurs et des densités différentes sur toute la hauteur de la bière ? Et si c'était simplement à cause du mélange, un peu contre nature ?

La mitraillette

Dans l'arsenal du Belge, outre le pistolet, il y a la mitraillette. Et à vue de nez, dans une mitraillette, il doit y avoir l'équivalent de 4-5 pistolets. Tout se tient, en termes de puissance de frappe.

Pourquoi parle-t-on de mitraillette ? À mon humble avis, et sans recherche sur Google, à cause de toutes ces frites dorées qui sortent de la baguette. Peut-être certains, parmi vous, ignorent-ils tout à fait de quoi je parle. Qu'ils se réfèrent donc à la photo qui accompagne le texte. Voyez-vous ? Il s'agit d'une demi-baguette ouverte et fourrée de frites. Cela, ce n'est que la base. Mais la base ne suffit pas à notre bonheur.

Il faut aussi de la viande. Hamburger, jambon, fromage, américain, sans oublier les crudités et la mayonnaise. La mitraillette, c'est plus qu'un repas complet. C'est un casse-croûte pour un commando de trente paras en retour de mission et encore, je ne sais pas s'ils termineraient leur assiette. Vous l'avez compris, j'exagère mais rien qu'un peu. Une mitraillette, c'est vraiment colossal. C'est pas un truc pour rire, c'est du sérieux, du costaud pour les durs de durs.

La mitraillette se trouve dans toute bonne ville des deux côtés du rideau de pommes de terre.

La Stella

« Ma Stella, c'est près de chez moi. »

« Stella Artois, la bière belge qui a plus de goût parce qu'elle a plus de houblon. »

La bière belge la plus connue au monde, c'est certain. Mais aussi le symbole de la Belgique des campagnes, des villages, des cafés enfumés avec les colombophiles au comptoir, la cagnotte des Gilles, les trophées sportifs le long des murs et les photos en noir et blanc d'équipes triomphantes.

C'est terrible, plus personne ne sait que Stella est aussi un prénom, sauf les aficionados de la blonde mousseuse.
C'est terrible, plus personne ne sait que Stella est aussi une étoile, sauf les inconditionnels de la blonde mousseuse.
C'est terrible, par contre, tout le monde sait que Sttellla chante « on ira tous, tous, tous à Torremolinos », y compris les incorruptibles de la blonde mousseuse.

Pas une photo d'ambiance, de foule, de vol d'oranges à Binche, pas un chat tombant d'Ypres sans une enseigne, sans un néon à la marque de Stella.
Un nom vraiment ancré dans l'inconscient collectif, une marque vraiment de chez nous, c'est pour ça que « ma Stella, c'est près de chez moi ».

La triple Piedbœuf brune

La bière de l'enfance pour les gens de trente ans, au moins. Boisson de l'initiation, celle qui donnait le goût de la mousse. C'est la bière, douce, sucrée, avec presque pas d'alcool, genre un degré ou presque. La grande bouteille brune avec la capsule à vis. Elle coule, noire comme du chocolat, avec une mousse un peu ambrée.
La bière de la cantine de l'internat où l'on joue à se croire grand et à avoir la première tête qui tourne. Avec le temps, on deviendrait nostalgique du parfum de la cantine, un subtil mélange de café rance et bon marché, de produits de nettoyage et de traces du repas de la veille. Évidemment, depuis, on a mis des casques sur la tête des enfants à vélo, on a enlevé cette chose avec de l'alcool des écoles, et, souvent, on a supprimé les cantines scolaires. Pour les enfants, les sodas sont meilleurs, c'est prouvé. Pour les souvenirs, rien n'est moins sûr. Et puis, pensez à toutes les mamans d'un jour, dans les maternités de Wallonie et d'ailleurs, à qui on file un peu de ce nectar des dieux pour favoriser la montée de lait. Tout le monde s'accorde là-dessus, cela ne sert vraiment à rien, mais c'est surtout l'idée que l'on s'en fait. Un petit goût de prime enfance, donc, puisqu'elle est déjà dans le lait du premier jour des mamans. On n'a pas encore trouvé mieux pour fidéliser le public que le sein d'une maman.

La triple PiedBœuf en ligne

www.inbev.com

Le fromage de Herve

Le Herve, une saveur d'avance. Ce n'est pas moi qui le dis, c'est l'office du tourisme. Il aurait pu trouver plein d'autres mots pour remplacer celui d'ardeur, je pense notamment à odeur mais c'eût été trop facile, il n'y a que moi qui pouvais la faire.
Le Herve a donc une saveur d'avance. On veut bien le croire puisque c'est le seul fromage belge sous AOP (appellation d'origine protégée) (protégée par une cloche) (non, là aussi, il n'y avait que moi pour le dire). Ce qui signifie que la législation a pris le cas au sérieux et a déterminé toute une série de critères de qualité comme le territoire, la nourriture des vaches, la façon de les traire, la méthode pour cailler le lait puis pour affiner le fromage, etc., grâce auxquels, quand vous achetez un fromage de Herve, vous savez ce que vous achetez et vous n'êtes pas floué sur la marchandise.
L'histoire de ce ou de ces fromages, car il en existe plusieurs variétés, est bien documentée et remonte à pas loin de 8 siècles. Au XIIIe siècle, on fabriquait déjà du fromage sur le plateau de Herve.
Le fromage de Herve est fabriqué par Herve Société. Il s'agit d'un fromage à pâte molle et à croûte lavée, obtenu à partir de lait de vache cru ou pasteurisé. La structure interne du fromage est homogène, ferme, onctueuse et a une teneur en matière grasse de 45% minimum. Le Herve Remoudou est le chef de file de la maison. C'est un Herve fermier au lait cru bénéficiant de 2 à 3 mois d'affinage, ce qui lui confère son caractère franc et affirmé ! C'est le fromage de fin de repas par excellence, aux arômes relevés.

Le Herve doux et le Herve piquant sont fabriqués à base de lait pasteurisé. Ils sont respectivement affinés en cave durant 4 à 6 semaines et 5 à 7 semaines.
Maintenant que vous en savez un peu plus sur ces fromages, vous qui en appréciez déjà le goût, allez donc faire un tour du côté des vertes prairies du plateau de Herve. Allez déguster le fromage sur place. Sur une tartine de beurre salé avec une fine couche de vrai sirop de Liège trempée dans du café noir, la saveur n'en sera que meilleure et vous comprendrez pourquoi elle a une longueur d'avance !

Le lambic

S'il est des causes qui méritent un combat, en voici une. Le lambic est un produit unique au monde. Je vois déjà d'ici les railleurs me dire que le merveilleux et les cuberdons aussi, oui, certes, mais le lambic est vraiment unique. La plus grande raison de son unicité tient à son élaboration. Le lambic est une base classique de bière. De l'eau, la plus pure possible, de l'orge maltée et de la fleur de houblon. Rien d'autre. Le brasseur fait un mélange savant de tout cela et fait bouillir l'ensemble. Lorsque l'on a le bonheur d'assister au brassin et, surtout, au petit déjeuner du brasseur, on peut, si l'on est très sage, goûter à ce jus. C'est doux, sucré, évoquant l'odeur de l'Ovomaltine. Une fois le brassin suffisamment réduit, car c'est d'une réduction qu'il s'agit, pour concentrer les sucres naturellement accumulés dans le malt, on passe au refroidissement. Et c'est là précisément que le miracle s'accomplit. Le lambic, enfin à ce moment il n'est pas encore lambic, il est juste petit Jérôme encore, va être mis à refroidir dans de grands bacs de cuivre non étamés, à l'air libre. Tsssssst, ne dites rien, c'est bien sûr à l'abri d'un toit que c'est fait, parce que vu le climat national, si l'on procédait à cela sans toit, il s'agirait en finale d'une soupe à l'orge. Rien à voir avec ce divin breuvage. Là, à l'air libre, le liquide va pouvoir être contaminé par une bactérie. Horreur, malheur, et vous voulez que l'on boive cette chose pleine de bactéries ? Ouais mouke, mais ça est des bonnes bactéries hein ! Même qu'elles ont un joli nom ces petites Brettanomyces bruxellensis et lambicus. Coup de chance, elles ne prolifèrent que dans la vallée de la Senne et dans le Pajottenland. Les tentatives de reproduction de ces organismes imaginées dans certaines universités du pays se sont toujours soldées par des échecs cuisants. C'est pourquoi le lambic est unique au monde, il ne peut être élaboré qu'à Bruxelles et à l'ouest de la ville. Donc, c'est une bonne contamination, point d'horreur à l'horizon. Ensuite, après la contamination, viendront la fermentation et l'élevage en fût de chêne. Et surtout avant la dégustation, chut, pas un bruit, je goûte.

Le chou rouge aux pommes

Bien avant la saveur de ce plat, il y a une chose qui m'a toujours fasciné étant enfant. C'était le chou en lui-même. Ceux que nous mangions venaient du jardin. Ils me paraissaient énormes, majestueux, d'un poids incroyable. Il y avait toujours un moment où je demandais à le prendre pour le soupeser et ça ne ratait pas, je finissais toujours par dire : oh c'est lourd ! Et cette forme toute ronde, d'un mauve qui m'empêchait de comprendre pourquoi on parlait de chou rouge ! La râpe aussi était impressionnante, tout comme les lamelles mauves et blanches qui en sortaient. Le chou rouge aux pommes, c'était toute une affaire. Les pommes venaient également du jardin. Pendant des années, ma fascination s'est arrêtée là. Le goût aigre-doux du plat m'attirait et me rebutait tout à la fois. Petit à petit, ses saveurs ont domestiqué mes papilles jusqu'à créer un état de manque et une recherche active de la chose. Pendant mes années d'études, j'allais jusqu'à en acheter en bocal, mais cela n'avait que peu de rapport avec mes souvenirs.
N'oubliez pas les lardons, la cuillère de cassonade et le petit verre de vinaigre. La douceur des pommes adoucit l'acidité du chou. Un régal à servir avec une saucisse de campagne et des pommes de terre vapeur. Rien de tel pour envisager un après-midi de labeur au bureau !

La trappiste de Chimay

Haaaaaa, le pays de Chimay ! Quel bonheur, ces paysages vierges, ces forêts profondes. Parfois, à l'orée d'un petit village, au détour d'un chemin forestier, on pourrait se croire replongé, par je ne sais quel accident du terrain et du temps, un siècle plus tôt. Je ne suis malheureusement pas natif du pays de Chimay, je n'y fus qu'un émigré de passage. Pourtant, quand mes pneus m'y roulent, j'ai le sentiment d'avoir toujours vécu là. Quand la vallée s'ouvre vers Grandrieu et que la route trace deux lacets lascifs au milieu des prairies couturées des sentiers à vaches, j'ai la sensation très nette d'être arrivé. Où ? Ça, c'est une autre histoire. Au pays caché, celui qui est derrière celui des grands arbres. Mais pourquoi vous parler de ce village ? Parce que l'on y élabore une bière nommée trappistine. C'est ça, une petite trappiste dans ce petit village du petit pays de Chimay. La légende raconte qu'un de nos voisins avait la capacité d'en dégommer douze à la suite sur les douze coups de minuit du nouvel an. Exploit drolatique d'une autre époque où la fête existait ailleurs qu'à la télé. Pour en venir à la fameuse trappiste, elle est brassée à côté de Chimay. La ville est trop petite pour contenir une brasserie en plus d'un château et d'une famille princière. Le seul point commun entre Chimay et Monaco, en plus d'un rocher. Ici, chez nous, la princesse est une femme d'exception, une femme qui se bat pour son château, pour son patrimoine. Le rapport entre le château et la bière se fait par la Jurade princière qui se réunit dans le Petit Théâtre du château. La bière elle-même est élaborée à l'abbaye de Scourmont. La mise en bouteille et les départements administratifs se trouvent à quelques encablures de l'abbaye proprement dite, pour que les moines puissent vivre en paix.

La création de l'abbaye remonte à 1862, c'est aussi de cette époque que date la bière. Que vous dire d'une Chimay que vous ne sachiez pas déjà ? Rien à propos du goût, par contre, chose vraiment intéressante, les bénéfices de l'activité sont affectés à plusieurs causes humanitaires. Du local et du lointain. En fait, plutôt que de vous infantiliser en vous transmettant cette sotte phrase qui dit qu'une bière brassée avec savoir se déguste avec modération, je préfère vous dire qu'à chaque Chimay bue, c'est un peu plus de bonheur pour le monde. C'est mieux ça, non ?

Le vol-au-vent

Le vol-au-vent est la bouchée à la reine de nos amis français. Chose assez cocasse si l'on considère le fait que des reines, ils n'en ont plus. Nous oui, mais des bouchées, on n'en a pas.
C'est pour Marie Leszczyńska, fille du roi Stanislas de Pologne, exilé en France, qu'un cuisinier un jour inventa ce plat. C'était au début du XVIIIe siècle et la bouchée à la reine et le vol-au-vent séduisent toujours autant.

Pour faire un bon vol-au-vent dans les règles de l'art, il faut cuire longtemps la poule, surtout si c'est une vieille pondeuse, puis la démonter complètement, monter un velouté avec le jus de cuisson. La version haute cuisine s'envisage avec une poule de luxe, en trois services. D'abord les cuisses. Puis les blancs. Pour terminer par les sot-l'y-laisse dans une sauce aux truffes. Mais ça, c'est la grande classe parce qu'au fond et pour faire court, un vol-au-vent, c'est un waterzooi dans un feuilleté.

Le vol-au-vent se distingue cependant de la bouchée à la reine par quelques points fondamentaux. Il constitue ce qu'on nomme un plat consistant, et plus il est consistant, mieux c'est. Il se sert avec des frites. J'imagine mal une fine et petite bouchée à la reine trônant au milieu de grosses frites dorées. La pâte feuilletée doit être assez molle et bien imprégnée de sauce. Si elle est légère et craquante, méfiez-vous, ce n'est pas un vol-au-vent mais une bouchée à la reine.

Les jets de houblon

En Belgique, il n'y a pas d'esturgeon, donc nous ne faisons pas de caviar. Enfin, ce n'est pas tout à fait vrai puisqu'il y a une production de caviar. Je recommence : en Belgique, il n'y a pas de truffes, alors on a les jets de houblon. Celui ou celle qui me parle des truffes en chocolat viendra directement chercher sa claque au bureau après la récréation. Les jets de houblon, c'est un peu à la fois notre caviar et nos truffes à nous. La saison est hyper-courte, quatre, cinq semaines maximum aux environs de mai. Cela dépend un peu de l'hiver. Les producteurs de Poperinge et d'ailleurs fouillent alors la terre de leurs doigts gourds de froid et coupent quelques tiges blanchâtres qui ressemblent vaguement à des jets de soja. Au niveau du goût, c'est nettement moins aqueux que le soja, on est bien dans quelque chose de très léger, mais pas flottu. Le jet de houblon doit se manger hyper-frais. Comme il s'agit d'une production tout à fait artisanale, il n'existe pas de produit pour conserver le croquant initial de la chose, donc au bout de quelques jours, elle se ramollit et devient brune. Il faut alors la jeter et c'est bête ça. Au tout début de la saison, on en mange presque l'entièreté, mais au fur et à mesure de l'avancée de la pousse, le jet devient de plus en plus fibreux. Il faut alors le nettoyer à la main. Travail fastidieux et vraiment casse-pieds que se tapent en général les plus jeunes membres du personnel des restaurants. Ayez une pensée émue lors de votre prochaine bouchée de jets. Le jet de houblon se poche et se présente classiquement surmonté d'un œuf poché et d'un peu de mousseline. Autant vous dire que vu le coût de la chose, y a intérêt à pas louper son œuf ou sa mousseline. Il vaut mieux les déguster chez des cuisiniers un peu classiques. Les rigolos sont capables de faire du jet de houblon au wok, l'horreur absolue.

Le péket

Comment voulez-vous qu'il en soit autrement des Liégeois quand on sait la naissance de Tchantchès. Lisez plutôt ce qui suit : le 25 août 760, le quartier populaire du Djus d'la Moûse vit naître un bébé. Il était joufflu et robuste, il souriait aux badauds. Soudain, il se mit à chanter : « Allons la mère Gaspard, encore un verre, encore un verre. » Une brave femme se précipita avec un verre d'eau. Le bébé repoussa le verre et se mit à bouder. Le mari de la brave femme lui tendit alors un biscuit trempé dans du péket, aussitôt le bébé l'avala goulûment et en redemanda. On lui donna alors une bouteille pleine de ce précieux breuvage, il en but une grande rasade comme si c'eût été du lait. La brave femme et son époux adoptèrent cet enfant et lui donnèrent le nom de Tchantchès, c'est-à-dire François en wallon. Nourri essentiellement avec du genièvre du plus pur grain, l'enfant poussa comme un champignon. Un jour, son père adoptif eut la malencontreuse idée de lui donner un hareng salé, qu'il trouve fort à son goût. Mais le hareng saur excessivement salé enflamma son gosier. Son père lui donna des biscuits trempés dans du péket (eau-de-vie à base de baies de genièvre dont le taux d'alcool varie entre 30 et 40%. L'appellation péket est typiquement wallonne). Depuis ce jour, Tchantchès ne put apaiser sa soif qu'avec du péket. Au fur et à mesure qu'il grandissait, ses parents constatèrent que son nez croissait d'une manière démesurée. De plus, il était coloré, rubicond, avec des reflets pourpres et violets. Très vite, son visage servit de modèle pour la fabrication de masques de carnaval. Cette malformation ne venait pas du péket, mais d'un accident survenu le jour de son baptême. La sage-femme qui le portait ne rechignait pas non plus à une bonne rasade. Ce jour-là, elle dut en boire plus qu'à l'habitude et laissa choir Tchantchès sur les fonts baptismaux. L'enfant se cogna malencontreusement le nez contre la pierre sacrée. Vu la dureté de sa tête, l'enfant ne poussa pas un seul cri, mais la croissance démesurée de son organe trouva sa source dans ce traumatisme. Un autre malheur devait encore le frapper. Enfant, il contracta la rougeole. À l'époque, on pensait guérir cette maladie en faisant avaler de l'eau ferrugineuse. Sa mère en fabriqua, faisant macérer, dans un seau rempli d'eau, un fer à cheval. Détestant l'eau, il avala rapidement tout le seau et le fer à cheval se cala dans sa gorge. On ne put jamais l'en retirer. Depuis ce jour, il ne lui fut plus possible de tourner la tête latéralement. Affublé de ces deux disgrâces, il fut rapidement l'objet de rires et de sarcasmes. La veille de l'Assomption en 770, il fût élu Prince de Djus d'là Moûse. Il comprit ce jour-là que la laideur, accompagnée de bonté d'âme et d'esprit, sait se faire aimer. Lors des Fêtes de Wallonie, on parle aussi d'une fameuse route du Pecket située dans Namur, malheureusement personne n'a été en état de nous fournir un témoignage probant sur l'itinéraire.

La Jupiler

Comment les responsables de la publicité chez Jupiler ont-ils mis le doigt sur le rapport subtil entre ces hommes rassemblés devant le petit écran d'un café enfumé un soir de championnat et les rafteurs musclés pour ne pas parler de ces beaux alpinistes à la recherche de la cannette perdue ? Eh bien, cette question reste sans réponse. Mais à mon humble avis, tout le concept publicitaire de cette bière d'hommes n'a pu être réalisé que par des femmes. À l'humour féroce. Et cela marche ! Il faut savoir que la Jup est la bière la plus consommée dans notre petit pays, bien avant la Stella et la Maes.

Produite à Jupille (dont elle tire son nom) près de Liège par la brasserie Piedbœuf initialement puis par le groupe Interbrew puis Inbev, la Jupiler est la plus jeune des pils dans le paysage belge. Elle voit le jour en 1966 et s'appelle Jupiler 5 au départ. Son étiquette rouge est ornée d'un taureau dressé sur ses pattes arrière devant un écusson doré, en hommage à la ville de Liège dont il est l'un des emblèmes.

Elle affiche 5,2% d'alcool et se déguste dans n'importe quel établissement belge digne de ce nom. Idéalement servie à la pompe, la bière doit arriver exactement aux testicules du taureau représenté sur le verre et la mousse à ras bord. Mais seuls les hommes savent pourquoi.

Dernier détail qui ne peut que faire partie du goût des Belges même si le produit est un rien loupé (la pompe à pression intégrée n'est pas trop au point...), il existe le tonneau spécial barbecue de 5 litres. Pour varier du gros rouge qui tache et parce qu'on n'est pas des tapettes. C'est ça, être une bière d'hommes !

La Jupiler en ligne

www.inbev.com

Le steak-frites-salade

Point n'est besoin de faire de longues dissertations culinaires sur l'attrait qu'exerce, sur tout Belge normalement constitué, un bon morceau de bœuf. Car cet homme, qui à ses heures se pâme devant des carbonnades flamandes ou un filet américain, ne crache jamais sur un bon steak cuit selon ses goûts et accompagné d'une salade savoureuse et de frites dorées. Y a-t-il une seule carte de restaurant en Belgique qui n'en propose pas ? Oui, je vous vois venir avec vos établissements thaïs ou végétariens, mais qu'on se le dise une bonne fois pour toutes, le tofu n'est pas l'aliment préféré des Belges, le steak oui. Attention, accrochez-vous, je vais vous en sortir une bien bonne : la viande a toute son importance dans ce plat ! Malheureusement, et je sens que certains vont me regarder de travers, le bleu blanc belge n'est pas la viande la plus savoureuse qui soit. À mon sens, elle est un peu trop maigre et manque un peu de la volupté que vous trouverez chez le bœuf irlandais. Pas vraiment de recette pour faire un steak, si ce n'est deux ou trois précautions d'usage. Primo : ne jamais, au grand jamais saler la viande avant que le beurre ne soit fondu, sinon elle dégorge, et devient dure. Secundo : attendre que le beurre ait fini de chanter avant de placer la viande dans la poêle, sinon la viande ne va pas bien croûter, et risque de bouillir. Assaisonnez la seconde face lorsque la viande est déjà en train de cuire. Tertio : on n'utilise pas le jus de cuisson comme sauce, le beurre brûlé, c'est vraiment mauvais pour la santé. Jetez donc celui qui a servi pour la cuisson et faites fondre une belle noisette de frais à la dernière minute, juste avant l'envoi (vers le 7e ciel). La salade, quant à elle, doit être, pour être de chez nous, une bonne laitue, ou à la rigueur une scarole. Il faut la laver à grande eau, plusieurs fois, en pensant bien à la saler pour faire tomber les limaces. C'est mieux sans. L'essorage de la salade se fait dans un essuie de cuisine tenu aux quatre coins que l'on secoue brutalement. Du vinaigre blanc, une cuillère pour quatre d'huile d'arachide, un peu de sel, un peu de poivre et c'est tout. Les machins au vinaigre balsamique et huile d'olive, c'est pour les autres. Quant aux frites, reportez-vous au chapitre frites, mais sachez quand même que la salade légèrement tiédie et un peu fanée par la chaleur de la frite, c'est quand même très bon.

Le Ballekes Bier

Des boulettes, on en fait partout à travers le monde. Il y a même au Canada de célèbres boulettes de wapiti, viande qui rivalise farouchement avec celle d'autruche, mais ce n'est pas notre problème. Car nous, ce que nous aimons, c'est le bœuf, le porc, le veau et la bière !
Les Ballekes Bier sont une recette du Brabant flamand remontant au XVIIIe siècle lorsqu'il y avait presque autant de petites brasseries que d'épis de maïs dans les champs.

• Pour faire de bonnes boulettes, faites d'abord tremper de la ***mie de pain*** *dans du* ***lait*** *• Quand elle est bien gorgée de liquide, pressez-la pour en exprimer l'excédent et ajoutez-la à la* ***viande hachée*** *assaisonnée de* ***sel****, de* ***poivre*** *et de* ***muscade*** *• Façonnez gaiement les boulettes. • Assez serrées et bien sphériques pour leur garder un cœur moelleux à la cuisson • La boulette ne doit pas coller à la main de l'honnête homme, sinon il y a un risque de démantibulation dans la casserole • Passez les boulettes dans la* ***farine*** *et faites les cuire à feu doux dans du* ***saindoux*** *(à préférer au beurre pour que le goût soit meilleur) • Après plus ou moins vingt minutes de cuisson, arrosez-les d'une bouteille de* ***bière****. La gueuze ou le faro, tout à fait naturels, conviennent idéalement • Continuez la cuisson à couvert jusqu'à point puis réduisez le jus.*

Les frites, les croquettes et même les pommes de terre nature sont les alliées naturelles des Ballekes Bier. De même que la bière utilisée dans la préparation. Allez, bon appétit. Normalement, ce plat est dans vos cordes de cordon-bleu, alors, allez-y franchement. Ça ne fait que du bien par où ça passe !

La soupe de tomates aux boulettes

« Qu'est-ce que les tomates ont de typiquement belge ? », me demandait mon acolyte d'écriture au cours d'une de nos longues veillées consacrées à la rédaction de ce chef-d'œuvre, n'ayons pas peur des mots. Certes, les tomates rouges sont originaires d'Amérique du Sud, et ne sont donc apparues chez nous que bien tard. Même si les serres de Campine sont pleines de « tomatiers », cela n'a rien de typiquement local. Pourtant, une bonne soupe de tomates avec des boulettes de haché roulées à la main, je n'ai jamais vu ça ailleurs. Ou alors, pas souvent. Une bonne soupe, accompagnée d'une tartine de pain blanc industriel, un peu mou, si typique, avec du beurre. Tellement de beurre que quand on trempe la tartine, il y a des yeux qui se forment à la surface du potage. Un potage rouge, orange maximum, si compliqué à réussir. Un potage velouté, massif et liquide à la fois. Quand la cuillère quitte la bouche, elle porte les traces rouges de la tomate comme gravées dans le métal. L'assiette à moitié vide laisse apparaître les dômes dodus des boulettes, chair beige au milieu de cette flaque orange. Le bon rythme de dégustation commence par une tartine, puis quelques cuillères de liquide. On se fait une boulette, l'air de rien, au passage, puis on attaque la seconde tartine avec de se jeter sauvagement sur deux ou trois boulettes résiduelles. On termine la soupe avec un morceau de pain, sans beurre cette fois, il faut savoir rester sage quand même. Vous ai-je parlé des boulettes sauce tomate avec les frites à la casserole d'Elvire ? Non ? Ce n'est pas grave, ce sera pour une autre fois, mais sa soupe de tomates valait presque ses boulettes. Mais c'est vraiment une autre histoire, pour une autre fois.

Les chicons au gratin

Les chicons au gratin, c'est un peu comme le mariage, c'est pour le meilleur ou le pire. Ah, à l'instant, on me signale que dans le mariage, c'est pour le meilleur et pour le pire. Bref, tout ça mérite quelque explication. Pas le mariage, mais les chicons.
Les chicons au gratin de mémé et tantine ou de maman, c'est les meilleurs. Les chicons au gratin de l'école, de l'internat, du resto universitaire ou de l'armée, reconnaissez que c'est souvent le pire. Ne s'agirait-il pas de la même bête ? De chicons différents ? Certes, c'est probable, il y a chicon et chicon et il y a surtout qu'un chicon au gratin bien fait, c'est presque une œuvre d'art et qu'en général, le cuistot communautaire ne se prend pas souvent pour un artiste. Ce n'est pas forcément de sa faute, c'est juste qu'on ne lui demande pas.
Il y a donc chicon et chicon. Le chicon est une très gentille petite chose qui pousse dans le noir, en pleine terre et vers le bas. La pleine terre de Belgique est l'environnement naturel de notre ami le chicon et méfiez-vous donc de ces endives étrangères, forcées à la chaleur, à l'abri de la lumière de façon industrielle et nommées à tort « perles du Nord ». Le chicon vit le jour à Bruxelles ou plus précisément à Schaerbeek au milieu du XIXe siècle. Son papa, un botaniste ingénieux, ne tarda pas à lui faire de nombreux frères et sœurs et à en inonder les marchés de la capitale.
Maintenant que vous avez votre kilo de beaux chicons « pleine terre » sous la main, il s'agit de bien les préparer !

• Braisez-les, égouttez-les soigneusement • Enroulez-les dans une belle tranche de ***jambon cuit*** *découenné • Disposez-les dans une cocotte et noyez-les de* ***béchamel****. Une belle béchamel avec 75 grammes de roux pour un litre de jus de cuisson des* ***chicons*** *• Et zou, au four quelques minutes puis tout le monde à table, la serviette sur les genoux et on passe son assiette tant que c'est chaud. Qu'est-ce que c'est bon !*

Le cercueil

Parfois, on le nomme mazout, mais vu les prix délirants de ce dernier pour l'instant, il vaut mieux se rabattre sur le cercueil, c'est plus sûr. Le cercueil est le pendant noir du tango qui comme chacun le sait est rouge. Je sais, la lettre T est après le C, mais comme j'ai d'abord rédigé le Tango, je vous propose d'aller jusque-là et de revenir ici tout de suite après. Voilà, c'est fait. Donc, au cas où vous ne l'auriez pas su, maintenant vous le savez, un tango c'est rouge pâle. Le cercueil, et ça c'est plus ou moins logique, est vaguement noir. Il résulte du mélange rapide et peu précis de cola et de bière. Il est d'ailleurs marrant de constater que nos amis français font la même chose, mais au lieu de changer le goût de la bière, c'est avec le vin ou le pastis qu'ils mélangent des trucs sucrés. Le célèbre blanc limé ou le perroquet n'ont que peu d'adversaires dans le monde du bon goût. Nous, c'est la blonde que l'on teinte. Peut-être à cause de toutes les fausses blondes ? Juste pour faire des fausses rouges ou des fausses noires ? Allez savoir. Toujours est-il qu'à plus de quatorze ans, il devient difficile de défendre le choix d'un cercueil sans avoir l'air d'une fraise. En fait, ces mélanges permettent aux jeunes de découvrir la bière. Avec la première biture viennent le premier mal de crâne et les premières tentatives de maîtrise de la consommation. Une bonne chose, en fait.

Les frites

Vous voulez une blague, du style de celle des Belges qui lèchent les murs ou qui s'entassent à dix-huit dans une deux-chevaux ? Ben vous n'en aurez pas. Je ne suis pas d'humeur. Y a des jours comme ça. Vous croyez que c'est facile tous les jours de parler de choses que tout le monde connaît puisque c'est ça le but du bouquin, vous parler des choses que vous connaissez et que vous appréciez pour que cela vous fasse venir le sourire aux lèvres et au bout du compte un profond sentiment de sympathie pour moi ?

Prenons les choses dans l'ordre. Primo, qu'est-ce qu'une frite ? Secundo, qu'est-ce qu'une bonne frite ? Tertio, quand mange-t-on des frites ? Quarto, à quel âge peut-on commencer ?

Primo : la frite est la fille de la pomme de terre, tubercule ramené des Amériques par Christophe Colomb et toute la bande de la croisière s'amuse. C'est plus précisément un parallélépipède rectangle de section carrée taillé dans une pomme de terre de bonne taille. Une bonne frite est dorée et croustillante.

Secundo : une bonne frite doit être régulière, lavée plusieurs fois à l'eau, l'idéal étant de la laisser tremper une demi-heure avant de l'éponger dans un linge propre. Le secret du succès réside dans la double cuisson. Une première dans la graisse de bœuf chaude qui doit atteindre 160 degrés pendant 6-7 minutes. Une seconde après égouttage de 10 minutes dans une graisse à 175 degrés.

Tertio : en général dans la seconde moitié de la journée, la frite s'envisageant sans problème dès le repas de midi, mais il n'y a aucune interdiction à en consommer dès la pointe du jour.

Quarto : dès la naissance, sur le territoire belge.

Le Blanc de Bœuf

Tant pis pour la diététique et pour les jeunes femmes à la peau parfaite qui, dès le saut du lit, font leurs dix kilomètres avant de manger une pomme et un bol de céréales, qu'on se le dise une bonne fois pour toutes, dans la vie, il n'y a pas que l'huile d'olive vierge, première pression à froid. Il y a aussi le Blanc de Bœuf !!!
Cher Blanc de Bœuf, un peu oublié de nos tables, méconnu de l'autre côté de nos frontières mais indispensable à la cuisson d'une bonne frite.
Le Blanc de Bœuf, c'est de la graisse de bœuf. Il y a aussi le Resi et l'Ozo, deux autres marques de graisse de bœuf. Le saindoux, c'est la graisse de porc. La graisse d'oie, de canard ou de ce que vous voulez s'utilise aussi en cuisine. Ainsi, pour les quenelles de brochet, c'est la graisse autour des rognons de veau.
Pour revenir au Blanc de Bœuf, son image est à jamais liée dans les mémoires à celle de Jean-Marie et de sa femme qui l'appelle à table. J'ai oublié son nom mais je me souviens de l'accent et du rythme de la publicité. Jean-Marie, notre gardien national et ses boucles blondes. La pub sous-entendait qu'un bon Diable Rouge est nourri aux frites cuites au Blanc de Bœuf. Sur le papier argenté des blocs de 250 grammes, il est écrit qu'il est apprécié par toute la famille et que ses utilisations sont multiples : frites, viandes, poissons, beignets et trois petits points.
Sa teneur totale en matières grasses est de 100%, bien sûr. Vous aviez oublié le Blanc de Bœuf ? Non, j'espère. Ce n'est que lui qu'on utilise dans les meilleures friteries. Le Blanc de Bœuf, c'est le « vrai goût des frites ». Hein, Jean-Marie !

La sole

Elle est drôlement belle cette sole-là, vous ne trouvez pas ? Je parle de celle de la photo, mais j'espère que c'est aussi le cas de celle qui vous fait de l'œil dans votre assiette. La sole est l'amie de l'homme, je vous le dis. Pourquoi partir nager avec les dauphins aux Canaries alors qu'il est si merveilleux de frôler la sole ? Oui, je sais, à part les cuisiniers, la sole n'a jamais passionné les chercheurs. Nul n'a vraiment songé à décrypter son langage, en supposant que le langage soit aussi le propre des animaux...

Il existe plusieurs variétés de soles, la petite sotte, l'ostendaise, la meunière, la grande folle. Non, allez, je vais me calmer et essayer d'être un peu plus systématique. Commençons par les mensurations et les caractéristiques de la créature, le tour de poitrine ne sera pas pris en compte si ça ne vous fait rien.
On pêche le long de nos côtes des soles allant de 100 à 240 g. Les plus grosses (celles que les hommes préfèrent) ont disparu à cause de la destruction du milieu halieutique par la pêche au chalut intensive. La meilleure saison de pêche en mer du Nord va de juin à décembre avec un pic délectable (ben oui, pourquoi ne pas parler de pic délectable ?) en août et septembre.
Quant aux caractéristiques de la chose : comme vous le savez, la sole est plutôt plate, du style qui serait passée sous un bull lors de la construction du métro de Charleroi. Elle a deux yeux. Du même côté, le droit. Ce qui signifie que si le pêcheur a un semblant d'humanité, il dispose les soles dans la cale face droite contre le sol, sole contre sol, pour qu'elles ne voient pas venir la mort. Ce qui est également plus commode que de les faire tenir sur la tranche.
Pourquoi tant parler de la sole ? Parce que c'est un poisson délicieux, pardi ! Sa chair blanche est à la fois ferme et délicate. Pour autant qu'elle soit bien cuite. Pas trop cuite comme malheureusement on en rencontre souvent tout au long de la côte et ailleurs... Ce qui permet de lever facilement, de part et d'autre de la colonne, quatre beaux filets sans arête qui viendrait piquer la gorge de nos petiots et la nôtre.
Il y a bien des façons de préparer la sole. À l'ostendaise, grillée, frite, Dugléré... Je la préfère meunière, tout simplement passée dans la farine du meunier et cuite au beurre frais avec un filet de citron. Rien de tel pour exhaler toute la saveur d'un poisson.

La côte de porc Blackwell

Pour parler correctement, il s'agit de la côte de porc Cross et Blackwell qui tire son nom du véritable pickles anglais Cross et Blackwell servant de base au piccalilli belge. « The Original Piccalilli l'Étoile » de la vinaigrerie « l'Étoile » à Wavre est réalisé selon la vraie recette anglaise. C'est, parmi d'autres, le plat de brasserie par excellence.
Correctement préparée avec une sauce Blackwell délicatement montée à la crème après déglaçage de la poêle au vin blanc, c'est un plat délicieux. À déguster avec des pommes de terre rissolées ou des frites. L'intérêt des frites réside dans le fait délectable qu'on peut les laisser ramollir et s'imprégner jusqu'à saturation de sauce jaune délicieuse. Et bien sûr à accompagner d'une blonde. Pour la conversation.
Trop cuite et desséchée, noyée de sauce trop moutardée, c'était mon cauchemar chaque mercredi durant mes études. Heureusement, il y avait les frites et le petit pot de mayonnaise pour tromper ma faim et mes envies.
Mais je m'interdis d'utiliser cet espace pour m'auto-psychanalyser et j'en reste là.

Les carbonnades flamandes

C'est le bœuf bourguignon, le goulasch, le *ragû* de la Belgique et plus particulièrement de la partie nordique du pays, mais d'Arlon jusqu'à Ostende, dans le plat pays qui est le nôtre, nous mangeons des carbonnades flamandes. Peut-être pas quand la météo s'est montrée clémente et nous a donné des airs de Méditerranée avec ses 35 degrés, mais au moins quand les feuilles se mettent à tomber et qu'on commence à penser aux écharpes et aux bonnets.

Les recettes varient selon les régions comme c'est souvent le cas des plats traditionnels. La base est toujours la même. Du bœuf que l'on fait mijoter dans une sauce aigre-douce. Choisissez un beau morceau de bœuf à braiser, du collier ou de l'épaule. Choisissez une bière de caractère, celle que vous voulez (personnellement, j'ai un faible pour la gueuze). C'est la même bière que vous consommerez au repas. Découpez la viande en gros morceaux. Faites fondre le beurre et revenir le bœuf, épicez, ajoutez l'oignon et les échalotes découpés en rondelles. Ajoutez des éclats d'ail, du paprika et laissez cuire jusqu'à ce que les oignons deviennent translucides. Couvrez de bière et ajoutez thym et laurier. Déposez une tartine de moutarde sur la viande et laissez mijoter deux heures jusqu'à ce que la viande soit bien tendre. Comme je l'ai dit, les recettes varient, certains ajoutent de la farine sur les oignons, d'autres du pain d'épice ou de la cassonade, mais au final les carbonnades flamandes restent un plat convivial, intemporel et qui tient chaud au cœur et au corps les amateurs de cuisine à la bière que nous sommes.

L'avisance

Qu'est-c'qui c'est ça po one avisance ? Pour nos amis malgaches qui viennent de rencontrer ce merveilleux opus à la gloire des produits de nos royaux terroirs, ces mots sont en langue wallonne. Prononcez *ouallonne*, et pas *vallonne*, comme certain peintre de ma connaissance qui trouve que ça fait plus parisien. Le wallon est une langue comme le berbère, elle n'a pas vraiment de transmission écrite et son orthographe s'invente au fil des rédacteurs. Bien entendu, vu la taille énorme de nos territoires, la langue est fort différente selon qu'elle sera envisagée vers Tournai, Liège, Charleroi, Mons, Bastogne, Verviers, Petit-Rechain, Gendron-Celles, Montbliart, Torgny, etc., sortez ici vos cartes détaillées de la Belgique et citez tout ce qui se trouve au sud du rideau de pommes de terre.

Les vocables de l'Ouest étant plus picards et ceux de l'Est plus germains. Il ne resterait donc que ceux du Centre pour être purs, assertion que je me garde pour moi, au risque de m'aliéner une bonne part de la clientèle potentielle de ce chef-d'œuvre. Quoique, tout bien réfléchi, si vous lisez ceci, c'est que vous êtes déjà client ; mais bon, pas la peine de chercher les courriers intempestifs. Ceci dit, donc, cette phrase signifie en gros : *Mais quelle est cette chose étrange ?* Cette saucisse enrobée d'un peu de pâte feuilletée est, certes, une chose étrange, mais une authentique spécialité de la ville de Naaaamur. Je n'ai pas encore reçu de mode d'emploi, mais je crois que cela se mange aussi bien chaud, tiède que froid avec ou sans moutarde. À mon avis, chaud c'est le top du top. Mais qui suis-je pour dicter le mode d'emploi de l'avisance ?

Le fromage de Bruxelles

Attention, *opgepast manneke*, il ne faut pas confondre autour et alentour, ni ettekeis, pottekeis et plattekeis.
Ce dernier est du fromage blanc, comme une maquée plus ou moins, que l'on sert le plus souvent accompagné de radis, de ciboulette sur une tartine et d'une kriek à la terrasse d'un estaminet. D'où la question bien connue de l'épouse lorsque l'homme rentre tard à la maison : est-ce ta minet ?
Le pottekeis quant à lui est un fromage composé à moitié de fromage de Bruxelles, à moitié de fromage blanc.
Je ne résiste pas à l'envie de vous livrer la recette du pottekeis :

• *Prenez des parts égales de* ***fromage blanc*** *(plattekeis) et de* ***fromage de Bruxelles*** *(ettekeis)* • *Vous mélangez, vous ajoutez de la* ***moutarde****, vous hachez des* ***échalotes****, vous travaillez bien le tout* • *Vous y versez en mélangeant bien une* ***demi-gueuze*** • *Vous laissez reposer un peu et vous dégustez.* Waouh, ça dégage un peu.

Ce n'est pas le genre de chose à déguster lors d'un premier rendez-vous, ou alors il faut impérativement le consommer à deux. Cela donne, au minimum, une haleine de mouflon en rut. C'est terrible. Mais c'est très très bon. Faut donc faire un choix.

L'ettekeis n'est rien d'autre qu'une boulette de Bruxelles. En version fort fermentée, un peu beaucoup salée et parfois piquante.

L'ettekeis est un fromage très fort au nez, idéalement le rhume est conseillé, la sinusite aussi. En bouche, il est toujours aussi fort. La seule solution pour faire passer un peu le goût est de consommer en même temps une belle gueuze. Par contre, pour taquiner la gueuse, je déconseille, à moins que la gentille ne soit native d'une ferme où l'on produit encore ce genre de fromage. On trouve du fromage de Bruxelles dans certaines grandes surfaces de la ville, ce n'est pas une rareté. Mais je doute que cela s'exporte vraiment loin. Étrangement, aucun des grands restaurants de Bruxelles ne présente les trois spécialités fromagères locales. C'est bête, hein !

Connaissez-vous la différence entre le haché et le hachis ? Non, eh bien reportez-vous au chapitre sur le pain de viande et tant que vous y êtes, lisez les lignes sur la confection manuelle car la base est la même. La boulette se roule aussi à la main, le risque d'y perdre son alliance étant bien moindre car la chose est plus menue. Puisqu'on parle de taille, je n'ai pas connaissance d'une boulette étalon et il est d'usage de rouler les boulettes comme on les aime, l'arithmétique nous permettant simplement de dire que pour une quantité donnée de viande, plus les boulettes sont petites et plus on en aura et inversement. Les boulettes sauce tomate, quoique classées en général (quand elles s'y trouvent) sur les sites de recettes à préparation : facile et coût : peu onéreux, sont un plat tout à fait savoureux, surtout quand elles sont préparées avec amour. Mais ça, ce n'est pas l'apanage des boulettes ! Quand elles sont préparées avec une tendresse non dénuée de dextérité et roulées dans la chapelure par la petite main malhabile d'un nain juché sur une chaise à côté de vous, cette main qui par la suite fera des taches de graisse sur votre robe, elles ont un goût inimitable. Pour la sauce tomate, faites-la maison, c'est tellement meilleur que les sauces en boîtes. Laissez mijoter à feu doux le temps des devoirs et normalement le timing sera respecté. Servez avec de la purée écrasée à la main et montée au beurre frais. C'est sur cette imprégnation précoce que comptent toutes les cantines du pays. Dès son plus jeune âge, le petit Belge développe une capacité d'attachement aux boulettes sauce tomate qui garantit une fidélité à toute épreuve. Et toutes les études s'accordent pour dire qu'avec les poireaux et les salsifis, les résultats sont nettement moins bons.

Les boulettes sauce tomate

Les choux de Bruxelles

Au moment où vous lirez ces lignes et moi aussi dans le bouquin que Racine m'aura gracieusement envoyé, cette chose incroyable que je vais vous raconter aura un peu perdu de sa saveur. Allez, j'y vais, je vous le dis. Les choux de Bruxelles, je vous les écris en « live ». Tout en les préparant. D'un œil, je surveille l'eau qui chauffe, de l'autre ce que j'écris. Le secret de la préparation des choux de Bruxelles, c'est de les blanchir deux fois. Blanchir sert à ôter une partie de l'amertume du légume et à lui conserver sa couleur. Pour blanchir, il faut utiliser une grande quantité d'eau bouillante salée, y plonger les choux jusqu'à reprise de l'ébullition, les retirer et les passer sous l'eau froide. La seconde fois sert à rendre e chou plus digeste en lui ôtant encore de l'amertume. Une fois tout ceci effectué, il ne reste qu'à les couper en deux et à faire revenir dans du beurre de ferme.

À propos de couper, laissez-moi vous raconter l'histoire des coupeurs de choux ou Kuulkappers. Car, derrière ces délicieux petits choux, se cache une histoire savoureuse. Vers 1550, l'explosion démographique sur le territoire bruxellois contraignit ses habitants à augmenter l es cultures maraîchères. Malgré tous leurs efforts, les cultivateurs ne parvenaient plus à produire assez de légumes pour Bruxelles. Aussi, vers 1650, nos fiers ancêtres, et surtout ceux de la commune de Saint-Gilles, créèrent une autre variété de choux permettant de rentabiliser au maximum la superficie cultivable. Sur un axe central épais et solide poussent en épis 20 à 75 petits choux bien serrés et nichés à la base des feuilles. Les choux de Bruxelles étaient nés. Maintenant, il s'agissait de le couper, ce à quoi s'attelèrent gaiement les Saint-Gillois. C'est ce qui leur valut le surnom de Kuulkappers.

Le cervelas

Le cervelas: « aggloméra t de viandes incertaines compressées façon zeppelin, indissociable de "dikke" et de "tralala". Le cervelas doit être avalé sans intelligence. » Définition trouvée aux hasards heureux du Web.

Je pense qu'il y aura toujours en Belgique des troquets vaguement enfumés au comptoir brillant où se tiennent et se retiennent à leur verre de pils quelques travailleurs en attente. En attente de leur transport, en attente de l'heure de rentrer, en attente d'une discussion sur le dernier match de foot, en attente d'une dernière partie de billard avant d'y aller.

S'il y a la bière, s'il y a le sourire de la patronne, s'il y a le bourdonnement de la TV, il y a aussi le cervelas. Découpé en grosses tranches avec une *plotch* de moutarde au mitan de l'assiette. La peau craque dans la bouche et la moutarde pique. Juste de quoi tromper un peu sa faim. Avant d'y aller.

Un cervelas dans une main et dans l'autre un cornet de frites qui brûlent les doigts quand l'haleine est chargée de buée et que le col des pardessus est relevé. Un cervelas chez soi, tout simplement, à l'apéro ou comme ça parce qu'on en a envie.
Un cervelas, ça mange pas de pain et ça fait toujours du bien. Hein ?

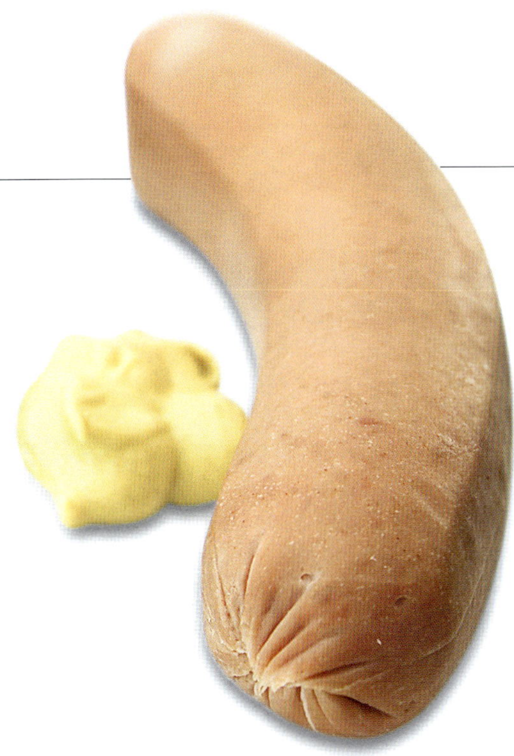

La truite

Voyez au sein de l'onde, ainsi qu'un trait d'argent, la truite vagabonde bravant le flot changeant. Légère, gracieuse, bien loin de ses abris, la truite s'en va joyeuse, le long des bords fleuris. Pour être précis, il faut bien découper le lé-gè-re, gra-ci-eu-se, pour bien scander, pour bien suivre le tempo. Sacré Schubert, je suis sûr que lorsqu'il s'est amusé à composer ce truc, il n'a jamais pu imaginer qu'un jour, au fond d'une école primaire de campagne, là où quatre années s'asseyent côte à côte, une jeune maîtresse remplaçante aurait le bon goût de nous l'enfoncer dans le crâne. Depuis, j'aime la truite. Dans les rivières. Ou au bleu. Meunière aussi. Aux amandes, moins. Le souci, pour parler du goût des Belges, c'est qu'il faut souvent faire appel à ses souvenirs, puisqu'il s'agit de décrire des choses qui sont déjà dans le goût collectif. La Danette à la pistache, si ça marche, allez savoir, ce sera pour dans 25 ou 50 ans. Tout ça pour vous expliquer que pour moi, la truite se sert à de vieux messieurs dignes, le dimanche, avec un petit chapeau, un cigare hollandais, une Mercedes sur le parking, dans un restaurant au bout de la province de Namur, de préférence au bord d'une rivière, après un Dubonnet à l'apéritif. La truite se pêche aussi, mais c'est plus long à raconter.

La moutarde

Qui dit « moutarde » ne pense pas forcément à « Dijon ». Ce n'est pas pour rien qu'une des trois couleurs nationales est le jaune. Ce jaune qui envahit nos champs à la fin du printemps, nous le devons, entre autres, aux fleurs de moutarde. De cette plante, ce sont les graines qu'on récolte. Pour faire un pot de moutarde, il faut beaucoup de graines, de l'huile ou du vinaigre de vin, des épices et le tour de main d'un moutardier. Heureusement, les graines ne manquent pas, la plante est généreuse et aime particulièrement notre climat tempéré. Ouf, ça tombe bien.

La plante de moutarde est probablement aussi vieille que le monde, mais ce n'est qu'à l'époque romaine que les cuisiniers commencèrent à s'y intéresser. Le nom de « moutarde » provient du latin « mustus ardens » ou littéralement « moût brûlant » car la moutarde des Romains délayée dans du moût de raisin était du style à vous relever un gladiateur terrassé par deux fauves affamés.
Au fil des années et des époques, la moutarde poursuivit gaiement son petit bonhomme de chemin, naviguant vers l'Angleterre et chevauchant vers le reste de l'Europe. Outre ses qualités gastronomiques, on lui trouva des vertus médicinales, et dans bien des cultures, elle fit partie de sympathiques cataplasmes qui montaient au nez et chassaient la fièvre. On lui accorda, comme à toute chose un peu relevée, des qualités aphrodisiaques sur lesquelles les scientifiques omirent de se pencher, faute de temps.

En Belgique, dans la belle ville de Gand, au détour d'une rue pittoresque située près du marché aux légumes, se dresse une petite boutique désuète. Façade couverte de panneaux de bois bleu foncé, enseigne d'époque, double porte centrale, vitrée jusqu'à mi-hauteur et pots de moutarde de toutes les sortes. Ne vous y trompez pas, ce n'est pas une épicerie comme les autres. Ici, l'on fabrique l'une des meilleures moutardes qui soient. De façon artisanale. Les graines sont broyées dans la cave de la boutique et les différents types de moutarde sont toujours préparés comme jadis, du temps où, d'après la petite histoire, un grognard de Napoléon originaire de Dijon en aurait dévoilé la recette à une belle Flamande.

La Tierenteyn extra-forte ainsi que toutes les autres préparations valent vraiment le détour vers cette petite rue pavée gantoise. Et si d'aventure, vous vous baladez avec votre propre pot en grès, faites-le remplir directement, c'est encore meilleur.

L'escavèche de Virelles

Voilà un plat qui date d'il y a… longtemps. Plus que probablement de notre période espagnole. D'ailleurs, on trouve dans les cuisines de là-bas l'escabèche. Et comme le V en castillan se prononce B ou presque, le raccourci est évident. Nos ancêtres en ont fait la fameuse escavèche. Il existe aussi une version namuroise, mais qui se fait de plus en plus rarement. À l'origine, cette préparation est un moyen de conservation. Les poissons étaient saisis vivement et mis en pots de grès sous une sauce à base de vinaigre. L'acidité de ce dernier a la particularité de transformer petit à petit les arêtes en gelée. Cette dernière protège le poisson de l'air et donc de sa corruption. C'est toujours le même principe qui prévaut lors de l'élaboration de l'escavèche actuelle, à un ou deux détails près. Il faut bien entendu aimer le goût un peu vif du vinaigre, et la consistance un peu, heu… complexe de l'ensemble. Mais contrairement à certaines spécialités des pays environnants, il n'est pas fondamentalement nécessaire d'être nourri à l'escavèche depuis sa naissance pour tenter d'apprécier. Ce n'est déjà pas mal. L'escavèche de Virelles est normalement constituée de poissons de rivière. Ce qui est fort cohérent vu la localisation de l'endroit, relativement loin des côtes nationales. La truite et le brochet en sont les piliers, mais comme pour toutes les recettes traditionnelles, même s'il existe un code contemporain, il est possible d'y faire un peu ce que l'on veut. Il existe des restaurateurs faisant de l'escavèche de rouget, qui comme chacun le sait est un poisson de rivière typique des paysages wallons. Pour l'accompagner correctement, l'escavèche requiert quelques frites ou du pain et du beurre. Conjuguer les deux tournerait au vice. À arroser d'un verre de bière blonde.

L’anguille au vert

Voilà bien un plat du terroir, typiquement flamand. Les ménagères belges qui se targuent d’en faire encore prétendent qu’il y a une recette classique demandant sept herbes particulières. C’est presque aussi sot que la recette de la bouillabaisse ou de la choucroute. Ces plats sont à l’origine des plats pauvres, ils étaient élaborés avec les produits du terroir, c’est-à-dire ceux que l’on trouvait à proximité. Pas question de courir pendant trois jours pour trouver une botte de menthe ou un ingrédient rare. L’anguille est un poisson un peu particulier, son apparence a certainement joué contre elle très longtemps. Poisson carnassier, au look plus proche
du serpent que du gentil poisson rouge des enfants, il est même exclu de la cuisine dans certaines croyances. C’est dire s’il est encore mal vu de nos jours.
Dans les temps plus anciens, l’anguille était pêchée exclusivement à l’aide d’appâts carnés.
Le traitement du poisson est, lui aussi, particulier, les herbes utilisées servant à « cuire » le poisson. C’est une cuisson chimique en quelque sorte. L’acidité de certaines herbes relève le goût de la préparation.
La saveur douce acide de l’anguille est remarquable et il est même autorisé de saucer le plat pour en profiter jusqu’à la dernière goutte. Il existe presque autant de recettes que de cuisiniers, mais, néanmoins, deux établissements sont régulièrement cités comme points de rendez-vous pour les amateurs du royaume : Tissens à Hoeilaart et le Siphon à Damme. Dernier détail : cela se démonte avec les doigts, c’est encore meilleur.

Les croquettes aux crevettes

Autant les origines des croquettes sont précises et historiques, autant celles des croquettes aux crevettes sont imprécises. La crevette grise, à l'instar des moules, bien que n'étant pas tout à fait de chez nous, fait partie du paysage gastronomique national. Dans sa version en croquette, alors là, c'est carrément à cause de ça que l'on démasque les espions en visite chez nous. Ben oui, quand on n'est pas Belge, on coupe et on mange de suite, alors on se brûle brutalement la langue et le palais. En plus, vu la consistance de la chose, il est impossible de recracher quoi que ce soit, à moins de vouloir se brûler encore un peu plus. La croquette a son culte, ses maîtres, ses déçus et ses ignobles. Vous avez déjà planté votre couteau dans les croquettes des Armes de Bruxelles, qui comme le nom l'indique se trouvent donc à Bruxelles ? C'est tout bonnement un moment de félicité. Après ça, à part les vôtres, et encore, je veux dire celles qui sont faites par vous à la maison. Après ça, donc, rien ne sera jamais plus pareil. Lorsque vous recevrez votre croquette mollassonne, accompagnée de trois branches de persil rachitiques avant que d'être trop frites et donc noirâtres, vous penserez, un sanglot bloqué dans la gorge, aux croquettes de là-bas. Vous penserez à leur croûte bien croquante sans être surchargée de chapelure. Vous penserez à leur chair juste moelleuse mais pas liquide. Vous penserez aux crevettes en rangs serrés et prêtes à la mangeaille. Vous vous souviendrez aussi du buisson de persil frais frit qui accompagnait. Que dire d'autre ? Qu'au nom de la croquette aux crevettes, on a commis bien des crimes et on n'a pas reçu assez de châtiments.

Le sandwich poulet curry

Sacré lord Sandwich, enfin, sacré lord Montagu, quatrième comte de Sandwich, amiral et joueur acharné, il ne savait pas qu'en perdant aux cartes, il enrichirait tant le monde gastronomique moderne. Mais attention, il y a sandwich et sandwich. S'il est nord-américain, il transporte sa maison sur son dos, tel l'escargot. S'il est britannique, il est parfois fourré de choses surprenantes, de la gelée colorée en passant par le concombre cru finement coupé. Le sandwich anglo-saxon, tout énorme qu'il puisse être, ne se mange pas dans la rue comme chez nous, il se dévore à l'aide de couverts, du moins pour ceux qui savent se servir simultanément d'une fourchette et d'un couteau. Chez nous, le sandwich est une véritable institution.

Certains dangereux maniaques sont même allés jusqu'à le bourrer de frites, pour accentuer son côté local sans doute.
Un assortiment de sandwiches ne serait rien de rien sans poulet curry et sans américain. Le sujet étant poulet curry, je ne parlerai donc pas de l'américain. Dans le poulet curry d'origine, il y avait du poulet et un peu de sauce au curry ; dans celui d'aujourd'hui, il y a parfois un peu de poulet et surtout beaucoup de sauce jaune flash qui annonce bravement curry.
Le miracle du sandwich poulet curry, c'est de parvenir à en manger sans s'exploser la chemise ou le décolleté. C'est que c'est mou, cette petite chose-là. Passe encore lorsqu'il s'agit d'un sandwich pain de mie, la mie épongeant une partie du liquide. Mais lorsqu'il s'agit de baguette, l'horreur est à nos portes. Le poulet curry se mange un peu comme une glace à la vanille le 14 août à Saint-Trop'. Il faut lécher partout à la fois. Si vous attaquez d'un côté, il faut impérativement, au bout de trois bouchées, regarder ce qui se passe de l'autre côté et récupérer, soit avec les doigts, soit avec la langue, l'excédent de pâte/mayonnaise/purée de poulet qui s'écoule tranquillement. L'idéal étant de manger le sandwich dans le sachet, un peu comme ces citoyens US qui boivent l'alcool au sachet en rue. Malheureusement, lorsque la fin est venue et que la faim est donc repartie, il reste le contenu d'un bon demi-sandwich dans le susdit sachet. Ce qui est fort embêtant, car, il faut bien le reconnaître, sucer le fond d'un sachet n'est pas très ragoûtant. Même si l'on enlève le plus gros avec les doigts, car il serait sot de perdre de la matière au prix où elle se vend. On est plus proche du caviar que du poulet. Remarquez, si l'on pesait la quantité de poulet contenue dans un kilo de garniture poulet au curry et qu'on analysait le prix de vente, je ne suis pas sûr et certain que le caviar serait beaucoup plus cher...
Je n'ai pas, par décence, abordé le problème du poulet au curry dans les sandwiches prétendument cuits sur place (vous voyez, ces espèces de minibaguettes à la mie collante et à la croûte agressive) ? Ce sera pour les 350 ans de la Belgique, pas avant.

Le pistolet

Mais d'où vient le nom de ce drôle de petit pain rond ? Un pistolet est une arme à feu, un court fusil. Une pistole, une pièce de monnaie et apparemment les deux n'ont rien à voir d'un point de vue étymologique, quoique à une époque, on ait appelé les petites pistoles, des pistolets, un peu comme les centimes. C'est aussi, en ancien français, un homme sans tenue, un importun, un mauvais plaisant ou quelquefois un original. Ne dit-on pas : quel drôle de pistolet ! Cela signifie aussi un homme du clergé d'une conduite légère. Et enfin, dernière signification retrouvée, ce serait également une demi-bouteille de champagne.

Ce qui nous rapproche de la gastronomie. Assurément, quel drôle de pistolet ! Mais d'où provient le nom de ce petit pain rond que nous apprécions tant ? Qu'il garde sa part de mystère, après tout, les choses n'en sont que plus savoureuses ainsi.

Certains l'envisagent uniquement le dimanche matin, avec le journal, les pantoufles, le peignoir, les cheveux en bataille et les enfants qui zappent sur les dessins animés. Pour d'autres, il prend place les autres jours de la semaine. Fourré et bien avant la demi-baguette, il faisait le bonheur des bouchers ayant opté pour le snack plutôt que pour la découpe d'un tendre rôti. On mange sa mie ou on ne la mange pas. Si on la mange, en général c'est toujours avec un volume équivalent de beurre salé, on n'est pas des nains, hein ! D'une tenue plutôt limite dans la boîte à tartines des rejetons (sinon elle s'appellerait boîte à pistolets) car ayant une fâcheuse tendance au ramollissement, le pistolet s'envisage frais, sorti tout droit de la boulangerie où il aura été cuit le matin même. Avec du beurre et un morceau de jambon pour le premier, de fromage pour le second, de la confiture pour le troisième ou encore, pour les autres, avec des crevettes grises en regardant la mer du Nord, c'est un réel bonheur !!

Les rognons à la liégeoise

Vous vous en rendez sûrement compte, vous qui dévorez cet opus à belles dents, il existe toute une gastronomie liégeoise qui va des boulets au café, en passant par les lacquemants sans oublier les rognons. Les rognons à la liégeoise sont un classique qu'on enseigne dans toutes les bonnes écoles hôtelières. Je sens une grosse envie monter en moi. Celle de vous raconter comment on préparait le rognon de veau à la liégeoise, du temps des princes de Liège. C'est la méthode classique, la plus belle, celle qui époustoufle et qu'on ne voit plus nulle part. Donc, ouvrez bien grandes vos oreilles, ça va décoiffer. La chose commence bien sûr par le nettoyage des rognons. De veau pour bien faire. Dans la suite de l'épopée du rognon à la liégeoise, le plat s'est démocratisé et le porc a pu passer la porte des cuisines. Le nettoyage est une activité super-marrante. J'en connais même qui en ont fait leur hobby. Allez, hop ! pour me déstresser, je m'en vais nettoyer quelques rognons. Le rognon se nettoie à la main avec patience et longueur de temps comme le dit si bien l'expression. La graisse servira à la préparation des quenelles de brochet si vous êtes cuisinier, sinon je ne sais pas à quoi elle peut servir. Peut-être à nourrir le cuir des chaussures de foot du gamin, allez savoir ? La cuisson du rognon à la liégeoise débute en cuisine. Il arrive en sauteuse en salle, où le maître d'hôtel termine la cuisson devant leurs majestés. Il le retire de la sauteuse lorsqu'il est « à la goutte de sang ». Celle-ci est déglacée puis flambée au genièvre. On y ajoute un fond de veau et les indispensables baies de genévrier écrasées. On termine la sauce avec une noix de beurre pour la lier légèrement, si j'ose dire. Le rognon se fait ensuite couper en tranches et dresser sur les assiettes, nappé de sauce. Là, devant toute la galerie. Sa pudeur dût-elle en souffrir ! Voilà ! Mais cela, malheureusement, vous ne le verrez que rarement. Que cela ne vous empêche pas de manger de bon appétit les rognons à la liégeoise, c'est un plat savoureux.

La Vieux Temps

Vieux Temps, ça m'évoque le café en face de l'église, juste à côté du monument. Un café pas souvent enfumé, même à l'époque. Le kicker à l'entrée à droite, les affiches des bals à venir et autres réjouissances du genre à côté de la porte conduisant vers le privé à gauche du comptoir. Des yuccas ou une autre plante grasse du même modèle sur les tablettes des fenêtres. Au fond, une porte donnait sur l'épicerie, que pour faire chic on nommait en ce temps-là « supérette ». Le comptoir, à mon âge de l'époque, était fort haut. Toujours assiégé par un ou deux costauds au regard fort vague en fin de journée. Un comptoir en bois roux, du moins en placage de bois roux avec des cannelures qui faisaient mal à la joue si on s'appuyait dessus. Il y avait aussi un juke-box derrière la colonne de la baie, à côté des affiches. Il scintillait dans la pénombre des fins de journée, jouant des rengaines déjà ringardes. Les gondoles de Sheila restaient à Venise et moi je regardais l'horloge Stella aux aiguilles immobiles au sommet de la baie de séparation des deux salles, en attendant que cela finisse. Le bruit des chaises sur le carrelage était particulier, mélange de chaises légères en bois cheap et de joints irréguliers. Les tables en formica ou un truc du genre luisaient vaguement.
Et puis les grands qui s'offraient des

gueuzes grenadine, des Chimay ou des Vieux Temps. Autour d'un chicot collé à sa lippe pendante, un tel laissait quelques borborygmes s'échapper de temps en temps, un autre lui répondait, marqué par sa Gitane papier maïs. Quand il sortait enfin et s'écrasait derrière son volant, les phares luisaient en jaune, car il venait de l'autre côté de la frontière. Les jours d'affluence, il y avait encore messe le dimanche matin, on voyait quelques couples. Lui buvait une pale-ale, elle une eau. S'ils s'arsouillaient ensemble, c'est qu'ils étaient peu fréquentables. De ce temps me revient encore un slogan bien étrange pour moi à l'époque. Il me faisait déjà rire par son absurdité ; mais tout bien réfléchi, ne serait-ce pas un sujet de philo déguisé ? « Remontez le temps, descendez une Vieux Temps. »
Ma grand-mère, un peu artiste, avait travaillé sur une mur des toilettes, chez elle, un grand collage ou se mêlaient des centaines d'images d'aliments et de boissons, avec une morale découpée façon lettre anonyme collée au milieu de tout : « Toutes les bonnes choses ont une fin. »
La marque existe toujours, mais la brasserie n'est plus qu'un souvenir.
Au village, le café n'est même plus un souvenir et le collage de ma grand-mère n'est plus qu'un souvenir dans quelques têtes. Un vieux temps, déjà.

Les spaghettis jambon-fromage

Si les pâtes furent amenées de Chine en Europe par Marco Polo, qui donna son nom, par la suite, à une chemisette de coton qu'il aimait à porter lorsqu'il s'adonnait aux joies du tennis et d'autres sports d'extérieur, je me demande qui a eu l'idée d'y placer du jambon et du fromage. Pas dans les tee-shirts de Marco, mais bien dans les pâtes, hein, pour que les choses soient claires entre nous. Les pâtes, sous toutes leurs formes, sont le symbole de l'Italie. Certes. Mais certaines recettes ont échappé à la vigilance des Transalpins. Celle dont je m'en vais vous entretenir serait même de celles qui fâchent. S'il vous reste un ou deux amis originaires de la Botte, évitez de les inviter avec un spagh jambon-fromage, ce serait un peu comme de parler de l'état politique de leur pays ou de l'économie, bref, ce serait un de ces sujets qui n'aident pas au rapprochement entre les peuples. D'où vient cette recette, pas moyen, misère de misère, de le savoir, mais qu'importe la recette pourvu que l'on ait les pâtes. Ce spagh jambon-fromage est un classique. Pas un snack, pas un bistrot, pas une mère de famille, sauf les Italiennes bien entendu, pas une jeune fille, pas un chef scout, pas un militaire en manœuvre qui ne s'en fassent une bonne platée de temps à autre. Chez moi, la recette était version light, pas de crème ni de lait.
Je vous explique. Plutôt que d'alourdir l'ensemble avec une béchamel légère, ma grand-mère faisait en vitesse un petit beurre manié, qu'elle détendait avec l'eau de cuisson des pâtes. Donc, il fallait cuire les pâtes, couper le jambon en cubes en vitesse et puis monter la sauce petit à petit, pour éviter les grumeaux.

Quand la sauce a la bonne consistance, conseil du petit-fils qui a pris un certain temps pour cadrer la recette, il vaut mieux qu'elle soit fort liquide, même un peu trop, puisqu'on va y ajouter du « gruyère » râpé. Enfin, gruyère, gruyère, c'est vite dit ; du Valio-Finland dans le même état, ça fait l'affaire aussi. Du moment que ça fait des fils, hein ! La « final touch » viendra de l'ajout délicat d'une pincée de noix de muscade. L'idéal est de faire cette recette avec des « ressorts », ils gardent un peu mieux la sauce que le spaghetti. Mais bon, c'est comme vous voulez. Les variantes avec de la crème ou du lait, pour les fauchés, sont inutiles.

Le pain blanc

C'est drôle, dans notre beau pays où il y a tant de choses merveilleuses à grignoter en permanence, il est vraiment compliqué de trouver un pain digne de ce nom. Contrairement à tous nos voisins directs chez qui on trouve des pains dignes de ce nom, chez nous c'est souvent la misère. Aaaaaachhh ! Les pains noirs allemands, la baguette croquante française, les pains aux céréales des Pays-Bas… Et chez nous, vive l'éponge blanchâtre, molle et fade. Surtout industrielle. Cela vaut le cauchemar des pains anglais ou presque.

C'est bizarre cette chose, même s'il existe des tas de bons boulangers chez nous, même si quelqu'un a eu l'idée géniale de lancer les Pain Quotidien, même qu'à l'époque tous les pains étaient au levain, même si quelques résistants font bien, il y a une majorité de lieux nommés boulangerie où l'on se contente d'être un dépôt de machins mous sans âme. Cette chose qui se coupe uniquement à la machine chez le commerçant, parce que même avec votre couteau électrique, ça part en boules. Vous avez déjà tenté d'étendre un petit peu de beurre pas tout à fait mou sur une de ces tranches de chose ? En deux temps trois mouvements, ce qui se trouve au milieu de la croûte ressemble vaguement au parcours du motocross de la Citadelle, avec des morceaux de beurre déposés tels les îlots d'un archipel au milieu de l'océan Indien. Si vous aviez tenté d'étendre un rien de choco dessus, cela vous fera plutôt penser à une baie bretonne en hiver après l'échouage d'un petit pétrolier. Quoique, si vous vous trouviez le long des rochers bretons, cela aurait au moins un peu de goût…

Et encore, je n'évoque même pas les merveilleuses « pariguettes » et autres sandwiches précuits du genre, qui en fait restent toujours précuits. Impossible de les cuire, probablement, donc la mie est toujours humide, collante au palais, la croûte est molle. Ajoutez là-dedans un peu de filet américain, et on viendrait à regretter le temps des panades. Comment faisons-nous pour manger ces bouillies prémâchées sans nous révolter, alors que, pendant l'été, nous faisons vaillamment la file chez le boulanger du village de l'Hérault où nous avons planté la tente, pour achetez des baguettes, des miches ou des croissants bien moelleux ?

Le Potjesvlees

Voilà un plat bien flamand ! Bien costaud, aussi. Rien que du bon et du « qui tient au corps ». C'est l'escavèche des prairies et des basses-cours. Un peu plus simple car on y retrouve seulement trois viandes au lieu de n'importe quel poisson de nos rivières wallonnes. « Potjesvlees », c'est de la viande en pot pour ceux qui sont vraiment hermétiques à la langue de Vondel. Du lapin, du poulet et du veau. Quand je dis « du », je devrais plutôt parler de « un ». Sauf pour le veau, bien sûr, sinon ce n'est plus de la viande en pot mais en citerne. Donc, il faut un lapin entier et un poulet entier. Pour le veau, ça ira avec 500 grammes. Et ça, c'est la base d'une terrine pour dix personnes. Même si vous n'êtes que deux à la maison, cela ne vous fait jamais que cinq jours, pas de quoi en faire tout un plat ! D'autant que ce plat est une entrée. Une entrée délicieuse qui se consomme avec une tartine de pain de campagne, du beurre frais salé et une pointe de moutarde Tierenteyn de Gand. Lekker !

Pour dix convives

– 1 lapin, 1 poulet, 500 g de veau maigre
– 10 cl de vinaigre d'alcool
– 10 feuilles de gélatine
– 2 oignons
– 3 carottes
– thym, clous de girofle, laurier, sel, poivre

*• Tremper les feuilles de **gélatine** dans de l'eau froide • Éplucher les **oignons** • Dans l'un d'eux, piquer les 3 **clous de girofle** • Couper l'autre oignon et les **carottes** en morceaux • Disposer les 2 oignons, les carottes, le **thym** et le **laurier** dans le fond d'une casserole • Déposer ensuite les morceaux de **viande** • Verser le **vinaigre** puis couvrir d'eau • Assaisonner • Porter à ébullition et laisser cuire sur feu doux à couvert • Écumer de temps en temps • La viande cuite, égoutter et la poser sur une planche • Réduire le jus et en conserver une quantité suffisante pour napper • Ajouter la gélatine et bien mélanger • Couper la viande en petits morceaux et la disposer dans une terrine • Filtrer le jus de cuisson ainsi que la gélatine et en recouvrir la viande • Laisser prendre la terrine • Démouler • Servir avec du **pain de campagne**, des **petits oignons**, de la **moutarde** et des **cornichons**.*

Le stoemp

Stoooeeemmmp et stoooeeeemmmp fait le stoooooeeeemmmper en écrasant les pommes de terre. Eh oui, un stoemp, c'est une purée et un stoemper, un presse-purée. Y a qu'à prononcer le mot et normalement on a compris le sens.

Le stoemp fait partie des plats consistants.
À tout bien y réfléchir, c'est probablement pour lui qu'on a inventé le terme « plat consistant ».
Le stoemp est le plat populaire par excellence, fait d'aliments peu onéreux, mais il a peu à peu gagné ses lettres de noblesse, peut-être dans la mouvance d'un retour aux sources et aux traditions, et il fait partie de nombreuses cartes de brasserie, bien qu'à l'origine ce ne soit pas un mets qu'on imagine manger en dehors de la maison.
La base est une fois de plus notre grande amie la pomme de terre.
Dans la plupart des cas, on choisira une pomme de terre de type bintje et le légume qui accompagne variera selon l'humeur du cuisinier ou de la cuisinière. Les carottes, les choux, les poireaux feront tous l'affaire mais individuellement. Un stoemp n'est pas potager, on y retrouve habituellement un seul légume.
Par contre, parfois des morceaux de lard viendront en relever la saveur.
Un bon stoemp se sert avec du boudin, des boulettes ou encore de la saucisse et s'accompagne d'une bonne bière pour ne pas stoemper son plaisir.

Les caricoles

Les caricoles sont une spécialité bruxelloise, même si la mer n'est pas encore au pied de l'Altitude Cent ou qu'elle a quitté les parages il y a plusieurs dizaines de millénaires. La caricole n'est rien d'autre qu'un escargot de mer. Mais elle est profondément ancrée dans le cœur des kets de la ville basse. Surtout. Ville haute, ils ont le nez en l'air et ne savent pas manger les caricoles.
La consommation de caricoles prit son véritable essor dans la gastronomie bruxelloise au XVIe siècle, lors du rattachement de Bruxelles au Rupel. À cette époque commencent les travaux de création du port de Bruxelles et, avec eux, le développement du commerce des produits de la mer. De nos jours, à points fixes à Bruxelles, on rencontre encore des charrettes sur lesquelles on peut apercevoir une énorme casserole en émail, un céleri émergeant du jus qui fleure bon les aromates. C'est là que cuisent les caricoles. Contrairement à une rumeur un peu sotte, les caricoles n'ont rien à voir avec des bigorneaux ; la caricole est un bulot. Le bigorneau est un... bigorneau, voyez à la lettre B comme... je vous le donne en mille : bigorneau.
Les mots caricole et crolles sont d'origines très proches.
Il semblerait que ce nom de caricole ait été donné aux bulots d'après la forme des coiffures des dames espagnoles de l'époque. Eh oui, en ces temps-là, nous étions Espagnols. Les caricoles se mangent debout, autour de la charrette, on jette les opercules, hein, sinon c'est beurk. Et puis, on va avec une petite fourchette chercher la bête au fond de sa coquille. Le jus se boit un peu, mais souvent il est fort épicé et pique un peu trop pour être agréable. Durant la célèbre foire du Midi, d'un côté il y a les moulins, de l'autre, des « auvents » qui proposent moult moules et autres spécialités fort locales, du boestrink aux caricoles. C'est l'endroit idéal pour découvrir l'autre visage de la ville, loin des quartiers aseptisés et des fonctionnaires européens qui ne sont que de passage. Là grouillent des populations du monde entier qui découvrent pourquoi d'aucuns chantaient que cela sentait la bière jusque dans le cœur des frites.

Le Karikollekeis

Fromage blanc à la caricole et aux épices diverses qui se déguste à l'apéritif ou le soir, avec une bière bruxelloise.

La mayonnaise Devos Lemmens

La mayonnaise est une sauce émulsionnée, classique, faite à base d'œufs, de sel, d'huile et de vinaigre. Surtout pas de moutarde, sinon cela se nomme une dijonnaise, ce qui est fort différent.
Pour bien faire une mayonnaise classique, rien de plus facile : séparer les blancs des jaunes. Les blancs, on les balance, d'accord, ou on en fait de la meringue. Sur les jaunes, on va mettre une pointe de sel. Bien mélanger. Jusqu'à ce que les jaunes deviennent un peu pâteux et brunâtres. À partir de là, ajoutez l'huile en fin filet, régulièrement, d'une main, pendant que de l'autre vous agitez régulièrement le mélange. Comme ça, l'huile va s'intégrer régulièrement aux œufs, et surtout, prendre un peu de consistance. On arrête d'en ajouter quand le mélange arrive à saturation. Cela se voit parce que la surface de l'ensemble commence à laisser sortir des yeux. À ce moment, on détend la sauce avec le vinaigre, de préférence blanc. Rectifiez l'assaisonnement, un peu de poivre, un peu de cayenne et hop ! le tour est joué.
Si cela vous semble compliqué, vous pouvez toujours mélanger les œufs avec une cuillère à café de moutarde, même si ça change de nom, ça monte plus facilement.
Si même cela vous semble compliqué, vous pouvez toujours ouvrir un pot de mayo. L'ingrédient de base des frigos d'une immense majorité des ménages belges. Pas de sandwich au jambon sans mayo, pas de salade sans mayo, pas de poulet froid, pas de viande froide, pas de saucisse, pas de rôti de bœuf, pas de salade de poisson, pas de tomate crevettes, rien sans mayo.
La tomate crevettes sans mayonnaise, vous imaginez, vous vivez ça vous ? L'horreur. Et la salade de thon du sandwich du midi ? Et le surimi ? Du surimi sans mayo, c'est un peu comme chiquer de la frigolite. Je suis sûr que personne n'a jamais imaginé ce que serait notre monde sans mayonnaise !
Dans notre riant pays, la mayonnaise, c'est Devos Lemmens. Pourquoi ? Parce que c'est comme ça depuis 1920. Voilà.

Les tomates crevettes

S'il est bien un plat qu'aucun Belge n'a l'occasion de vraiment détester, c'est bien celui-ci. La tomate des Pays-Bas, avec des crevettes grises des Pays-Bas, de la mayonnaise industrielle qui appartient à des Néerlandais, de la salade lavée et prédécoupée française, voilà notre plat national. Peuple étrange que nous sommes quand même parfois. Mais en fait, la nationalité du produit importe peu à ceux qui l'aiment. Ce qui compte, c'est la subtile association entre les composants de la chose. Le fruité de la tomate, la douceur vinaigrée de la mayo et le côté doucement épicé de la crevette. Tout le reste n'est que fioritures vicieuses. Sauf les frites, bien sûr. Une tomate crevettes sans frites, c'est comme une digue sans mouettes, un cuistax de moins de trois cents kilos, un cerf-volant qui vole, une semaine sans pluie sur la digue, une triple Westmalle sans cacahuètes. Ça n'existe pas. Ou alors, c'est parce que c'est une tomate crevettes de régime. Mais ça, c'est pour les malades.

Une **petite recette**, y a que ça de vrai

– 500 g de crevettes grises non épluchées
– 2 tomates
– 1 cœur de laitue
– 1 bouquet de persil
– 2 c. à soupe de mayonnaise

*• Retirer le pédoncule des **tomates**. Les plonger brièvement dans l'eau bouillante, puis les plonger dans l'eau froide pour les peler délicatement. Cette opération se nomme émondage, comme pour les amandes • Étêter chaque tomate et les évider avec une cuillère à café • Saupoudrer légèrement l'intérieur de sel, les retourner sur une grille et laisser dégorger la veille • Nettoyer, laver et essorer la **laitue** avant de la détailler en lanières • Éplucher les **crevettes** et en conserver quelques-unes pour la garniture • Garnir les tomates de crevettes et replacer leur chapeau • Répartir les lanières de laitue sur des assiettes fraîches • Poser la tomate crevettes au centre des assiettes • Garnir d'un brin de **persil** et de quelques crevettes • Accompagner de **mayonnaise**.*

Les moules

Mon Dieu, quelle affaire, mais quelle affaire que ces moules. On en fait vraiment tout un plat. Presque une fierté, que dis-je, une gloire nationale. Mieux que les Diables, aussi fort qu'Eddy ou Justine, voici les moules. Dont pas une, pas la moindre, nib de nib, nada, quetchi et j'en passe et des meilleures, n'est originaire du pays. Nos moules, dont nous sommes si fiers, viennent de fin juillet à avril, pour l'essentiel des Pays-Bas. Un peu comme dans la légende du beaujolais nouveau, où l'on racontait que dans certains pays, on affichait « il est arrivé » et que dans d'autres, on écrivait « il est parti ». Les moules que nous aimons, plutôt grosses, à la chair nacrée, suave et souple, viennent de Zélande. Pourquoi ? Pour deux raisons simples : la première étant que là-bas s'est développée une vraie industrie de la moule, conséquence en fait de la deuxième : les autorités néerlandaises ont mené sur l'Escaut de l'Est, depuis de nombreuses années, une politique importante et intelligente d'épuration des eaux. Plus aucun rejet d'eaux usées, pas de produits chimiques arrivant des terres agricoles. Bref, c'est du costaud, mais c'est grâce à cela que nous mangeons tant de moules.

La version chic de la moule est française, une fois de plus. On la dit de bouchot, elle est normande, plus petite, plus charnue, à la chair plus orangée. Elle est plus chère, aussi.

Une fois pour toutes, la moule se mange avec les doigts. On utilise la fourchette pour piquer la première et avec sa coquille, on prend la deuxième et les autres.

Avec une demi-coquille, on boit un peu du jus de cuisson, et, surtout, on laisse les frites se mouiller un peu dans le jus, histoire d'être un peu plus savoureuses. Il existe des pervers qui trempent aussi du pain beurré dans le jus, mais bon, là, c'est exagéré.

La salade liégeoise

Vous ai-je déjà confié qu'à Liège, rien n'est pareil ? Oui, je pense. Mais cela vaut la peine de le souligner et puis ce sont ces Valeureux qui revendiquent cette différence.
En ce qui concerne la salade liégeoise, les recettes varient selon les familles, chacune certifiant tenir le bon bout et détenir la vérité. Il paraît même qu'il y a la salade de la rive gauche et celle de la rive droite. De la Meuse bien sûr, pas de la gare des Guillemins, hein ! Avec variation sur le fait qu'on y mette des oignons et de la frisée ou pas.

La base, c'est les haricots princesses, les pommes de terre et le vinaigre

• Pour que les choses soient parfaites et délectables à souhait, la corne de gatte, reine des ***pommes de terre*** *fermes s'impose, à cuire en gardant la peau • Les* ***haricots*** *doivent être* al dente *et bien verts, c'est tellement mieux que tirant sur le gris. Pour ça, placez-les dans un plat contenant de l'eau et des glaçons après les avoir blanchis à l'eau bouillante salée • L'étape suivante est déjà un avant-goût qui fait saliver normalement • N'oubliez pas de fermer la bouche et d'avaler • Faites sauter dans le* ***beurre*** *les* ***lardons*** *et les* ***échalotes*** *sans trop les colorer, déglacez avec du* ***vinaigre*** *et laissez réduire de moitié • Réchauffez les cornes de gatte et les princesses et ajoutez les* ***lardons*** *• Mélangez bien le tout et servez, en fonction de la rive sur laquelle vous vous trouvez, sur une belle* ***frisée*** *bien fraîche • Le vinaigre tiède et les lardons, c'est un vrai péché • Prévoyez aussi un boket d'lard et d'socisse (un bout de* ***lard*** *et de* ***saucisse****) et nouez votre serviette autour du cou car dans un coup de fourchette, ça va chauffer !*

Les boulets sauce lapin

Les boulets sauce lapin, c'est un peu comme l'entrecôte sauce crevettes. Je m'explique. C'est préférable. De lièvre. La sauce crevettes est une sauce qui convient bien aux crevettes. Par exemple, la mayonnaise. Oh, bonheur, le Valeureux Liégeois se rend compte que cette même sauce convient aussi pour l'entrecôte et au lieu de parler d'entrecôte à la mayonnaise, il nomme ce plat entrecôte sauce crevettes. C'est pareil pour nos boulets. Il y a, en pays liégeois, une merveilleuse sauce qui convient à merveille au lapin. Il s'avère que les boulets se sentent aussi bien dans cette sauce que l'animal aux longues oreilles et voilà comment les « boulets sauce lapin » envahirent toutes les tables du pays. Ben oui, ça se reproduit vite, ces bêtes-là.
Tout d'abord, les boulets, c'est des boulettes, mais rien ne s'appelle pareil là-bas où une chique est un bonbon.
Venons-en au clou (de girofle) du spectacle : la sauce lapin.

Une merveilleuse sauce

*• Après avoir coloré les **boulets** sur toutes leurs faces convexes, il convient de déglacer la poêle avec du **vinaigre** et du **sucre**, d'y ajouter, après évaporation de moitié, des **oignons**, du **thym**, du **laurier** et de la **marjolaine** • Replacez les boulets sur le lit d'oignons et mouillez à mi-hauteur d'eau • Laissez cuire 20 minutes • Retirez les boulets, mixez la sauce et tatatam, emparez-vous solennellement du pot de vrai **Sirop de Liège** et ajoutez à la chose deux cuillères à café de ce nectar et 40 **raisins secs**. Pas un de plus • Servez avec des frites. Et n'oubliez pas de vous essuyer les babines avant de boire, ça fait plus de dégât sur le bord du verre qu'un rouge à lèvres fuchsia.*

La trappiste de Westmalle

Le moine cistercien, s'il apparaît de prime abord comme un bonhomme sympathique en robe de bure, au ventre rond et au large sourire, n'est pas le bienveillant individu qu'on imagine. Bien sûr, j'exagère mon propos, c'est d'ailleurs une de mes qualités, cette propension à l'exagération, le moine est débonnaire pour autant qu'on ne lui cherche pas des poux. Comment chercher des poux à un moine trappiste ? Ben, en le piquant là où il ne faut pas ! À sa bière !

Sa bière trappiste. Une trappiste, ce n'est pas rien, c'est une longue histoire, un savoir-faire, une tradition qu'il ne s'agit pas de galvauder en autorisant un quelconque produit d'abbaye (et encore, là, on a la religion en commun) ou de n'importe quelle brasserie à usurper ce titre. N'est pas trappiste qui veut. La bière doit être produite sur place, à la trappe par les moines. Ils peuvent à l'occasion prendre conseil ou engager du personnel laïque mais l'essentiel du processus de fabrication est leur fait. La production est limitée. Les produits dérivés également. Les bénéfices de vente servent uniquement des causes humanitaires.
À Westmalle, ils sont versés aux missionnaires du Congo. Alors, il faut les comprendre, les moines, et les approuver lorsqu'ils lâchent leurs avocats aux basques d'une brasserie américaine qui lance une nouvelle « trappiste » sur le marché. Ou quand, en Belgique, on sort une nouvelle bière d'abbaye, inspirée des ruines depuis longtemps refroidies d'un couvent, frauduleusement nommée trappiste.
Il ne faut pas rigoler avec les appellations. Leur respect est la seule garantie d'un produit de qualité. Il existe six trappistes en Belgique, une aux Pays-Bas : la Tilburg. En France, en Autriche, en Allemagne, en Bosnie, d'autres vraies brasseries trappistes ont produit de la bière. Ce n'est plus le cas. Peut-être un jour assistera-t-on à un nouveau brassin...
La Westmalle existe sous trois versions, la double, la triple et l'extra. La double, de couleur acajou aux arômes de caramel brûlé et de réglisse, est un grand classique des estaminets anversois. L'abbaye de Westmalle produit aussi quelques bouteilles millésimées. Une autre façon d'apprécier le travail d'un maître brasseur.

La Trappiste en ligne

www.trappistwestmalle.be

La tartine au fromage blanc

Il y a du côté de Meise (comment, vous ne savez pas où est Meise ? C'est juste à côté du Jardin botanique national. En suivant la A 12. Bon, d'accord, vous savez maintenant), il y a du côté de Meise, écrivais-je plus haut, un coin de campagne situé à un jet de radis de Bruxelles, pas encore totalement démoli par les lotissements et les zonings. Dans ce coin de paradis, entre deux prairies, une route dont les joints de bitume rythment de leur staccato le passage des automobiles et quelques voitures garées sur le côté, se trouve un estaminet de rien du tout, un bistrot qui a l'air presque moche. Au printemps, il y a bien bien longtemps, mes grands-parents m'emmenaient dans leur Coccinelle pour y manger une tartine au fromage blanc avec quelques radis du jardin. Une belle grande tartine au beurre, salé cela va sans dire, couverte d'un bon centimètre de fromage blanc, salé, poivré, avec de la ciboulette hachée saupoudrée partout dessus. Je ne peux pas dire si j'aimais ou pas, tout ce dont je me souviens, c'est que c'était merveilleux d'être là-bas. Des années plus tard, alors que mon grand-père nous avait quittés depuis longtemps, j'y suis retourné avec ma grand-mère. L'endroit existait toujours. La prairie et ses quelques tables en fer étaient pareilles à elles-mêmes, un potager sur le côté, quelques arbres fruitiers, des poules, des détails que j'avais oubliés. Pour aller faire pipi, il fallait traverser la salle enfumée aux murs couverts d'affiches annonçant différentes fiestas. L'odeur des toilettes était piquante, mais allez savoir si c'était la réalité ou une réminiscence.

De retour dans le jardin, je me suis assis aux côtés de ma grand-mère, sa kriek et ma gueuze patientaient paisiblement sur la table. Nos mots étaient rares, ils égrenaient un chapelet de mémoire. Pour elle, les images devaient se bousculer au portillon ; pour moi, elles se construisaient en direct. Elle me racontait l'évacuation de Strépy sous le soleil de septembre 1914, avec cette bouteille de lait qu'elle laisserait choir au beau milieu de la route. Elle me transmettait sa petite flamme. Puis les tartines au fromage blanc sont arrivées, posées bêtement sur des planches délavées par le temps. Blanches et vertes, avec des rondelles de radis du jardin. Nous les avons savourées, avec tout le respect dû à leur rang. Nous n'avons plus jamais eu l'occasion d'en manger. Depuis, ma grand-mère est, elle aussi, devenue un beau souvenir. Il me reste les tartines au fromage blanc et le printemps, de temps en temps.

La kriek

On dirait presque une onomatopée. Un peu comme ferait le bruit de la porte d'une cave tirée un peu rapidement, ou encore le bruit d'un noyau que l'on écrase. De noyau, dans cette histoire, il en est question. La kriek est une cerise en flamand et en bruxellois. Par contagion, on nomme comme cela une bière faite avec des cerises. Le fruit est particulier, pas question d'utiliser des bigarreaux noirs, bien juteux et sucrés. Du modèle que les enfants écrasent systématiquement sur leurs nouveaux tee-shirts blancs alors que l'on est en pleine pénurie de Persil antiredéposition et qu'il n'y a personne pour faire les nœuds dans les vêtements avant de les mettre dans la lessiveuse. Non, la kriek est la cerise de Schaerbeek. Une petite chose à forts noyaux, et à chair faible. D'ailleurs, à ce propos, heu... non, pas la peine, tout le monde le sait.

Donc un gros noyau, peu de chair, et surtout une acidité à décourager les corbeaux. Cela permet de les cueillir avant que les oiseaux n'en fassent un festin et de les placer dans des fûts de lambic. Aujourd'hui, la kriek de Schaerbeek a pratiquement disparu et les cultures du Pajottenland sont insuffisantes, il faut donc en acheter à Saint-Trond, mais qu'à cela ne tienne, elles sont bonnes aussi. Comme on utilise traditionnellement des pipes à porto d'une contenance de 650 litres, on place dans les fûts 150 kg de cerises et 500 litres de lambic d'un an et demi. Voilà, c'est presque tout. Les levures fixées sur la peau des fruits, celles ambiantes à la cave et les sucres contenus tant dans le jus que dans le lambic vont se rencontrer. Les premières vont se faire des toasts avec les seconds. Cela va mousser dans les pipes, en cinq jours c'est parti. Il faudra encore quelques semaines pour que l'alcool de la bière lessive les particules colorantes contenues dans les peaux et la chair du fruit. C'est comme cela que la kriek lambic trouve cette belle robe rubis profond. Après, tout n'est que question de goût. Les aficionados du trésor brabançon la voudront le plus nature possible, le plus authentique, quitte à devoir user d'un stoemper et d'un carré de sucre pour en couper l'acidité. Les autres, les novices, se contenteront d'une kriek sur-sucrée, colorée et parfumée. C'est comme ça, mais ne soyez pas tristes, tant qu'il y aura des cerises, il y aura de l'espoir. Kriek, c'est le bruit que faisait la porte verte de la cave de ma grand-mère lorsque je l'ouvrais subrepticement pour jouer au docteur avec la petite fille de la voisine sur un tas de bouteilles de gueuze et de kriek marquées juste d'un trait de peinture blanche. À chacun ses madeleines, les miennes sont mousseuses.

Les crevettes grises

Les crevettes grises de chez nous, pêchées de nuit le long des côtes, immédiatement cuites à bord sans conservateurs, refroidies avec une poignée de gros sel pour fixer la couleur, et vendues le matin au marché (non décortiquées). Une gourmandise pour tout connaisseur, mais qu'on ne trouve que dans quelques poissonneries spécialisées, quelques restaurants réputés ou bien directement chez les pêcheurs au littoral. Elles ont une consommation très limitée, genre maximum dans les deux jours qui suivent l'achat.
Le must du must étant de vraiment bien connaître quelques pêcheurs et de pouvoir recevoir les crevettes encore vivantes avant de les cuire soi-même en quelques minutes au court-bouillon avant de les refroidir sur un marbre avec une poignée de gros sel gris.
L'immense majorité de la production de crevettes de la mer du Nord sont pêchées par des Néerlandais, réfrigérées et transportées au Maroc dans des ateliers où elles sont décortiquées. Elles reviennent ensuite sur nos marchés, soutenues par quelques conservateurs de compétition. Mais c'est la loi du marché, vu qu'elles sont décortiquées à la main, le coût de la main-d'œuvre chez nous est nettement trop élevé pour être supportable pour les consommateurs.
Un bol de crevettes grises, toutes moustachues, à décortiquer négligemment, à manger avec encore une partie de la carapace, goulûment, pour accompagner une Rodenbach, qui dit mieux ?

Le pain de viande

Il y a un concept qui m'a toujours fait sourire, et encore, c'est ma gentillesse naturelle qui me fait ainsi parler, c'est celui de pain de viande à l'ancienne ou de pain de viande maison que l'on trouve tout fait dans les grandes surfaces. D'accord, peut-être qu'il sera bon, peut-être la viande sera-t-elle fraîche et de qualité, mais bon sang de bois, un pain de viande, ça se fait à la maison ! C'est un minimum, non ?

La base de la chose est du haché ou du hachis, les termes varient et je m'en vais vous expliquer la différence, histoire que vous ne mouriez pas idiots. Le haché est une contraction du mot viande hachée (d'ailleurs, remarquez comme elle se contracte à la chaleur dans votre four). Le hachis par contre, dénomination utilisée à tort par les bouchers n'ayant pas encore lu ces lignes vu que je les rédige à l'instant, est une préparation au haché, la plus célèbre étant celle de monsieur Parmentier.
Maintenant que vous savez cela, sachez aussi que l'on peut hacher tout ce qu'on veut dans le règne animal et végétal. En général, chez nous, on hache plus volontiers le bœuf, le veau et le porc (quoique ce dernier n'ait pas la cote dans certaines religions), mais dans d'autres pays, voire continents, la chèvre ou le mouton feront tout aussi bien l'affaire.
Une fois le haché acheté, reste à trouver quelques quignons de pain rassis. Normalement, si vous n'avez pas forcé sur le pain perdu, il devrait en rester dans la huche. Vous mettez à tremper le pain dans un mélange savant de lait, de jaune d'œuf, de condiments et d'épices. Une fois ramolli, mélangez-le à la viande et confectionnez le susdit pain de viande à l'aide de vos petites menottes. Si vous êtes marié, n'oubliez pas d'ôter votre alliance de peur de l'incorporer à la mixture, ça peut faire du vilain, surtout si votre moitié se casse une prémolaire dans l'histoire. Et hop ! au four. Une bonne heure par kilo à 200 degrés, juste le temps de tondre la pelouse.
Si c'est pas beau, ça ?

La tarte al djote

Si vous ne voulez pas avoir l'air de l'espion qui venait du froid, dites simplement : une djote. Il existe deux variétés de djote, la verte et la mitoyenne qui est verte et blanche. La verte est en fait un mélange de bètchéye (boulette) et de bettes. La blanche ne reçoit pas les bettes. La boulette de Nivelles, ou de Florenne voire de Romedenne en ce qui concerne une grande partie de la production nivelloise de djote, est un fromage de vache fait au lait entier, traditionnel de nos régions. Dans certains coins de Wallonie, on le nomme aussi cassette. L'origine du mot djote viendrait peut-être du nom ancien de la bette qui semble être *jote*. Quoi qu'il en soit des origines de cette spécialité tout à fait nivelloise, un ingrédient ne peut jamais manquer, c'est le bon beurre que l'on doit impérativement faire fondre à la surface de la tarte. Parce que toujours et surtout, une djote doit être bin tchaude, bin blète è qu'èl bûre dèsglète (bien chaude, bien mûre et que le beurre dégouline). En se rappelant qu'à Nivelles, on n'a jamé strôné avè du bûre (on ne s'est jamais étranglé avec du beurre). Bon, ceci dit, la djote a ses fanatiques défenseurs, plus ou moins toute la population nivelloise et ses malcomprenants : plus ou moins le reste de la planète. C'est que la première que l'on a mangée, si l'on n'est pas natif de la cité, on ne l'oublie pas facilement. Après, à partir de la deux cent cinquantième, une relative habitude se crée et l'on commence à vraiment aimer ça. Bien évidemment, à Nivelles, et seulement là dans le monde, plutôt que de commander une pizza à la maison, on fait venir une camionnette qui livre la djote à domicile. Avec le petit pot de beurre en sus, je vous prie !

Le Domaine des Agaises

Je sais, le principe de ce travail est de vous parler de choses ancrées dans le goût du pays, ou à tout le moins, d'une région, et voilà que je vous parle d'un vin, déjà, et qu'en plus, ce vin est à peine, voire pas, disponible. Arghhhhh ! dirais-je si j'étais vous. Je vous rassure tout de suite, le domaine des Agaises est là pour deux raisons. Primo, notre amour immodéré pour les vins à bubulles.

Nous sommes les quatrièmes plus gros acheteurs au monde de champagne, par exemple, avec pas loin d'une bouteille par habitant. Nous consommons aussi, bon an mal an, un gros million de bouteilles de Cava, le pétillant espagnol bien connu. Et je ne vous parle pas des *spumante*, *sekt* et autres mousseux. Secundo, notre volonté farouche de vouloir à tout prix faire pousser de la vigne et faire du vin chez nous. Parce qu'à ce qu'il paraît, au Moyen Âge ou juste après, il y avait des vignobles chez nous. Tertio : je sais, ce n'était pas prévu au programme, cela se nomme donc un imprévu ; tertio donc, parce que tant que le climat ne se sera pas réchauffé plus que ça, les vins effervescents seront le meilleur moyen de transcender le climat pour le moins fantasque de nos contrées. L'équipe des Agaises n'est pas la seule, loin s'en faut, à produire du vin chez nous, mais c'est probablement, allez, je me lance, c'est sûrement, dans l'état actuel des choses, le meilleur vin produit en Belgique. Mais oui, carrément, et en plus un des rares à pouvoir s'aligner sans rougir au niveau international. De plus, le vignoble se situe sur un terroir calcaire, résurgence du Bassin parisien qui donne aux pieds de chardonnay plantés là un petit accent bien connu. Bref, cette cuvée Rufus, du nom d'un vieux seigneur des Agaises, est un must dans notre goût à tous, présents et à venir.

La blanquette de veau

La blanquette de veau n'a rien à voir avec la blanquette de Limoux, les deux ne vont d'ailleurs pas trop bien ensemble, ni avec Cate Blanchett, je ne sais même pas si elle en a déjà mangé. Mais elle devrait. Si je vous dis ça, c'est pour me permettre un trait d'humour dans cet ouvrage plutôt caustique. Après tout, le rire est à l'homme ce qu'est la blanquette de veau au Belge. Une chose sans laquelle la vie ne vaudrait plus la peine d'être vécue. À bonne blanquette, bon veau. Je viens de l'inventer, mais c'est un peu, comme « dans le cochon, tout est bon », le genre de vérité qui doit être soulignée. Prévoyez un veau de qualité ou une quantité de cure-dents non négligeable sinon du côté masticatoire, ça va décoiffer.
Pour une bonne blanquette, il ne suffit pas d'avoir du bon veau, c'est comme pour le cochon, encore faut-il avoir le tour de main.

À bonne blanquette, bon veau

• Le secret de la blanquette réussie réside comme dans beaucoup de recettes dans le respect des étapes de préparation • Il faut commencer par blanchir la ***viande*** *dans de l'eau • Quand l'ébullition commence, il faut s'armer de patience et d'une écumoire pour écumer toute l'écume qui flotte à la surface • C'est l'écume du jour, vous pouvez la jeter • Ajoutez ensuite les autres ingrédients : l'****oignon****, la* ***carotte****, les* ***clous de girofle*** *• Les légumes ne doivent pas être jetés tels quels dans la cocotte, un minimum de découpage s'impose • Pour la viande aussi, puisqu'il faut tout vous dire • Laissez mijoter une heure et demie • Lorsque le veau est cuit, il est friable entre vos doigts (et chaud) • La sauce : un roux (****farine*** *et* ***beurre****) allongé du* ***bouillon*** *(écumé) de cuisson • Deux* ***jaunes d'œufs*** *battus avec de la* ***crème fraîche****. Mélangez • Ajout de* ***champignons*** *sautés • J'abrège car ça devient long • Hop, hop, on y est • Ma mère y ajoutait des petites boulettes et des morceaux de* ***cornichons****, c'est encore plus sympa • Mais faites comme vous voulez, je ne suis qu'un guide spirituel dans ce long chemin de la gastronomie où il incombe à chacun de faire seul les deuxièmes pas (je ne tiens la main que pour les premiers).*

Les asperges

Même si l'asperge est un légume connu et apprécié dans maints pays, les asperges de Lauris, de Loire ou du sud de l'Allemagne sont respectables en soi. Les seules, et les meilleures une fois pour toutes, sont dites de Malines, mais seulement de mi-mai à mi-juin. Même si elles proviennent plus souvent de Hesbaye ou du Limbourg. Pas grave, l'important étant qu'elles soient blanches, bien larges, craquantes et longues. La culture de l'asperge blanche est un peu compliquée, il faut couvrir la chose, pour qu'elle reste bien blanche, mais la nature de la terre que l'on mettra dessus va conditionner la texture de l'asperge.

C'est d'ailleurs ce qui fait une grosse part de la supériorité définitive de l'asperge nationale sur ses concurrentes.
Je n'évoquerai même pas les asperges vertes, qui sont à l'asperge ce que la Star Ac' est à la chanson française. Là où l'asperge est définitivement de chez nous, c'est lorsqu'elle devient à la flamande. Une préparation simple et délicieuse qui a longtemps fait le bonheur de nombreux restaurants de chez nous. Je ne résiste pas à l'envie de l'expliquer.
Pour une vraie flamande, il faut : du beurre clarifié, des œufs durs, de la noix de muscade, du sel, du poivre et du persil fraîchement haché. Les asperges sont auparavant cuites à l'eau. Elles arrivent en salle, présentées classiquement protégées du froid par une serviette. C'est au maître d'hôtel de préparer la sauce à la minute devant le client. D'abord, il écrase les œufs à la fourchette. Quand ceux-ci sont bien émiettés, on ajoute le beurre, à l'œil, il faut que cela soit pâteux, pas liquide mais plus sec. L'assaisonnement se fait au goût, on goûte et on rectifie. On termine en ajoutant une grande quantité de persil. Le mélange doit être homogène, mais ne doit pas être une purée. On prend les asperges en les piquant dans le bout, près du talon, à l'aide de deux fourchettes. Elles sont déposées, têtes vers la gauche, et l'on place la sauce sur les tiges, plus ou moins au milieu. Anciennement, parce qu'elles étaient plus ligneuses, les asperges se mangeaient à l'aide d'une fourchette à poisson et de la main droite. Aujourd'hui, la qualité du produit est telle qu'il n'est plus vraiment utile de jouer à cela.

Les spaghettis bolognaise

Même si Bologne n'est pas vraiment située au cœur de la Belgique et si le spaghetti que l'on prépare ici n'a pas vraiment de rapport avec celui que l'on prépare là-bas dans le nord de la Botte, les spaghettis bolognaise sillonnent notre vie, semaine après semaine, comme les tasses de café nos matinées et les pistolets nos dimanches.
Si l'on considère un individu normal d'une quarantaine d'années toutes vécues en Belgique, on peut calculer de façon approximative qu'il a mangé en sa vie, à raison d'un par semaine (et c'est un minimum), au moins 2000 spaghettis bolognaise. Non, je n'exagère pas car s'il est vrai qu'avant l'âge de un an, il en consomme relativement peu, il se rattrape par la suite. Armé d'à peine six dents, le petit Belge assis dans sa chaise haute attaque déjà à la cuillère en plastique ergonomique les pâtes coupées en tout petits morceaux par sa maman chérie.
On retrouve d'ailleurs le plat au menu enfant de beaucoup de restaurants, pour ceux qui n'aiment pas les fishsticks ou les dés de poulet. Durant son enfance et son adolescence, il déguste le spaghetti maison, sauce en boîte à laquelle on rajoute le haché ou mijoté doucement tout l'après-midi sur la cuisinière. Pendant ses années d'études et au début de l'émancipation, les choses se gâtent quelque peu. Il ne sera plus question que de sauce en boîte et encore, la moins chère possible. Les spaghettis seront cuits dans une casserole de dix litres pour au moins quinze personnes, ce qui garantit un pain de pâtes à découper à la scie sauteuse dans le meilleur des cas. Bien souvent, d'ailleurs, il n'est même pas besoin d'égoutter la chose, l'eau ayant fuit la casserole dès la quatrième minute de cuisson. Une fois installé dans son épanouissante vie de couple puis de famille, le Belge reprend le droit chemin, celui de la sauce mijotée. Les ingrédients varieront. Tantôt uniquement à la tomate, tantôt s'ajoute une note de fantaisie avec quelques champignons, poivrons ou carottes. Le fromage râpé sera italien ou non. Qu'importe, finalement ? Les spaghettis bolognaise, non contents de faire partie de la table familiale, se mangent également sur le pouce, accompagnés d'un verre de rouge du patron pour tromper une mauvaise faim, mais c'est un mauvais calcul (tant que ce n'est pas à la vésicule) car un spaghetti bolognaise ne doit jamais être sous-estimé. Bien faite, la chose peut atteindre des sommets. Et vous voyez ce dont je parle, c'est certain.

Le Faro

Je me demande parfois si faro ne viendrait pas de *faraud*, mais bon, pour les insultes, il faut consulter le texte moule à gaufre ou Haddock. Par contre, qu'est-ce que le Faro ? Encore une de ces bières uniques et exceptionnelles dont Bruxelles a le secret. En fait, le Faro est un lambic édulcoré. Oui mais, m'objecterez-vous, le lambic est un organisme vivant, n'étant aucunement impliqué dans les aventures de Tintin mais bien dans celles de Bob & Bobette, si on l'additionne de sucre, ça va partir en fermentation et être du genre beurk beurk à boire.
Certes, c'est donc pour ça que certaines brasseries ne font le Faro que sur commande. Les autres qui s'y risquent doivent faire passer le produit sous les fourches caudines de la pasteurisation ou, à tout le moins, d'une stabilisation du produit. Cela enlève un peu de charme, mais c'est quand même abordable. Le Faro est une bière que l'on commande à la brasserie, c'est donc pour une occasion spéciale, en fait c'est une bière de fête gentille, une bière fraîche presque produite sur mesure, c'est quand même du luxe, ça, non ? Dans les temps un peu plus anciens, genre la fin du dix-neuvième, début du vingtième, le Faro était fabriqué pratiquement chaque jour pour les bistrotiers, et c'était la boisson légère des nanas et des gamins. Le Faro est censé posséder des vertus particulières, genre vachement bon pour les fraîches accouchées ou les enfants un peu chétifs et malingres. Aujourd'hui, le Faro est devenu un produit très peu demandé, les fabrications sont peu nombreuses, faut dire qu'il y a peu de clients. Pourtant, cela devrait être dans l'air du temps, vu que c'est édulcoré. Mais ça manque peut-être de produits chimiques pour faire accourir les djeun's.
À quand l'idée géniale d'un faro aux fraises, ou mieux encore : le faro breton, spécial échouage à marée basse sur la grève.

Le fondu au parmesan

Avec la croquette aux crevettes, voici la spécialité frite la plus indiscutable de notre patrimoine gastronomique. Ben quoi ? Ça vous choque, le mot « gastronomique » associé à « fondu au parmesan » ? Pourtant, quand il n'est pas bêtement décongelé, ça peut être un chouette truc. D'ailleurs, dans les écoles hôtelières sérieuses du royaume, on enseigne même la fabrication de cette redoutable chose. Bon, soit. À l'origine, cela doit être une vague spécialité transalpine, et encore, rien ne le prouve. Ce qui est presque sûr, en tout cas, c'est que l'origine des fondus est relativement récente. Qu'importent, en fait, les origines, on s'en tape un peu, de vous à moi ; par contre, ce qui compte, c'est la fabrication. L'idée de base est simple, on part d'une béchamel à 225 grammes de roux au litre à laquelle on ajoute du parmesan, sinon ce n'est pas un fondu au parmesan, hein ! Au niveau proportions, avec un bon 150 grammes de fromage au litre, cela devrait le faire tranquille. Une béchamel avec du fromage dedans se nomme une mornay, ne me demandez pas pourquoi – d'accord ? Donc, on réalise la mixture, on l'étale sur une plaque rectangulaire pas trop épaisse et bien huilée. Laisser prendre quelques heures au frigo. Puis, découper de petits rectangles et les paner à l'anglaise. C'est-à-dire, d'abord dans la farine, puis dans le blanc d'œuf en terminant par la chapelure. Éviter de les paner deux fois, même si ça fait une plus belle croûte, c'est vraiment répugnant dans l'assiette. Ensuite, on peut les arrondir, mais l'usage est de les laisser en rectangles, histoire de ne pas les confondre avec les croquettes aux crevettes avant cuisson. Pour le service, il est impératif de penser au bouquet de persil frit. Pas de fondu sans persil frit, c'est comme ça. Il faut aussi penser au quartier de citron. L'idéal étant, pour les grandes maisons, de l'épépiner. Que dire d'autre, qu'ajouter ? Le fondu est un rite pour de nombreuses familles (nombreuses ou non), pour nombre de jeunes amants qui sortent pour la première fois hors du Quick local. Quand on ne sait que choisir, lorsque le nom des plats n'évoque rien de concret, il est bon de se contenter de ce qu'on connaît, de se rabattre sur une valeur sûre. Bon, c'est vrai, je vous raconte l'histoire poétique, je pourrais aussi vous décrire le fondu de cauchemar, celui qu'on sert pas décongelé, frit dans une graisse usée qui laisse des points noirs sur la croûte et une odeur de graillon immonde. Le tout accompagné de persil carbonisé. Je pourrais aussi vous parler des salades crétines qui assassinent parfois le goût subtil du fondu à coups de vinaigrette industrielle en pot. Non, moi, je vous cause du vrai, du seul, de l'unique. Le reste ne vaut même pas la peine qu'on s'y attarde.

Les chicons braisés

Il faut que je vous avoue tout de suite une chose : les chicons, c'est mon point faible. J'en mangerais tous les soirs. D'ailleurs, je profite de ce chef-d'œuvre de la littérature contemporaine pour passer une petite annonce : mon cœur à la personne qui me préparera des chicons chaque jour. Voilà, c'est dit, pour de plus amples renseignements, vous savez où me trouver.
À mon sens, les chicons braisés sont le meilleur légume qui soit. Écoutez voir. En connaissez-vous seulement un autre qui développe une saveur aussi moelleuse alliée à une telle amertume ?
Pour braiser correctement des chicons, il faut peu de choses mais elles sont indispensables. Du beurre salé, de ferme, n'allez pas sortir votre margarine ou votre huile d'olives dans un souci diététique, ce serait gâcher la nourriture. Des chicons, pleine terre, je l'ai déjà dit mais c'est à force de taper sur le clou... Mon père cultivait ses chicons dans la cave, à l'obscurité, dans un bac immense rempli de terre. Dans l'enfance, cela m'impressionnait et j'évitais même de m'y rendre car ce truc mystérieux me faisait vaguement peur. Puis, vous savez, les gosses et les chicons, c'est une histoire qui ne se passe pas toujours bien. Au début du moins, voyez comme je suis maintenant. Les chicons, avant d'être braisés, doivent d'abord cuire lentement sous une feuille de papier sulfurisé. La patience est de mise. Si vous ne disposez que d'un quart d'heure, oubliez l'idée au risque de vous retrouver avec des machins carbonisés pleins de flotte à l'intérieur. Ce n'est que quand le chicon est cuit qu'on le braise à feu vif et pas avant ! Pas de condiment spécial, juste du sel et du poivre et tout le goût du chicon. À s'en lécher les babines !!!

Le bloedpens

Le bloedpens ou encore bloempanch en bon brusseleir n'est pas un boudin noir comme les autres. D'ailleurs, il suffit de le regarder pour s'en rendre compte. Tout d'abord, il y a sa grosseur. Nettement plus importante que celle du boudin de Noël. Puis il y a les morceaux blanchâtres qui truffent la bête. Tout cela mérite un brin d'explication.

Comme je l'ai suggéré dans l'introduction, le bloedpens est une spécialité bruxelloise dont l'origine remonte à bien longtemps. On lui a donné une kyrielle de noms sympathiques allant de « bifteck à carreaux » à « bufsteik mè roeite » ou encore « jambon du Congo ».

À la base, comme pour tous les boudins, il faut du sang de porc et des boyaux pour donner une forme à l'histoire. Ceux du bloedpens ne sont pas de porc mais de bœuf, ce qui lui confère ce diamètre impressionnant donnant des airs de bifteck une fois découpé. Les morceaux blancs sont en fait des parties de tête de porc : des cartilages, des bouts d'oreilles, de museau. Entrent aussi dans la préparation des lardons et de la couenne de lard. Rien que des choses légères et diététiques.

Il faut un liant à tout cela. Pour le bloedpens, c'est classiquement la farine de sarrasin et aucune autre.

Les épices comme la cannelle, la muscade et diverses herbes se chargent de rehausser le goût d'ensemble.

Le bloedpens se consomme froid, en tranches ou tiède et vaguement écrasé à la fourchette. Dans un estaminet bruxellois avec une bonne bière, bien sûr.

L'Orval

Il est un phénomène amusant que je découvre au travers de la rédaction de ces pages, ce que j'imagine comme faisant partie intégrante et indestructible de l'identité belge depuis au moins la nuit des temps est parfois, tout au plus, âgé de quelques décennies. Au vu de ce que je croise, il faut croire que les années trente ont été en partie les années d'or de la création de produits qui devaient durer. Du Chokotoff à la bière d'Orval. Oui, à la bière trappiste d'Orval. Bon, d'accord, il y a un précédent. À l'époque de la splendeur rayonnante de l'abbaye, dans les limbes du Moyen Âge, on brassait là. C'est sûr, pour plusieurs raisons. D'abord historique : des archives en témoignent ; puis géographique : il est à quelque distance de l'abbaye un lieu-dit nommé la houblonnière ; et puis pratique : la bière est ce fameux pain liquide nourriture des travailleurs. Et puis, sous nos latitudes, malgré ce que l'histoire moderne raconte, il n'était pas toujours évident de faire pousser la vigne pour élaborer le vin de messe. Donc, bière il y eut. Et puis la Révolution française et son cortège de saccages passa par là. La rénovation magnifique du début du vingtième siècle demanda des moyens énormes. La bière fut, aussi, une source de rentrées. C'est un laïc d'origine allemande qui recréa la bière d'Orval, en utilisant notamment un procédé à la mode à l'époque en Angleterre. Comme quoi, hein, un verre d'une bière magnifique, c'est aussi un petit morceau d'Europe. Créée donc par un Allemand, faite en Belgique, avec du houblon tchèque, suivant un procédé partiellement anglais. Quoi qu'il en soit des origines, l'Orval, c'est aussi cette bouteille superbe, inchangée depuis aussi loin que ma mémoire remonte. Ce verre étrange du point de vue de la dégustation, puisqu'il est ouvert comme un calice et n'enferme aucun des parfums moelleux de ce produit. La simplicité du graphisme, échappé à ce qu'on dirait directement de l'époque de création de la bière face à la complexité de la bière, surtout après quelques années en cave, c'est presque un mystère en soi.

Les bigorneaux

Le bigorneau est un petit coquillage que l'on pêche à pied dans les anfractuosités des rochers de la côte bretonne, voire normande du sud. C'est donc tout à fait une spécialité belge. Bruxelloise, surtout. Le bigorneau de chez nous ne sert pas à faire des sauces, ni des pâtés, ni même des flans. Non, notre bigorneau est un truc pour passer le temps en attendant de manger un truc sérieux. Un amuse-gueule, quoi. Vous recevez vos bigorneaux dans un petit ramequin en verre, sur l'assiette. Juste à côté des bestioles, il y a un bouchon recouvert de papier d'aluminium et planté d'épingles. Tout l'art de la consommation du bigorneau consiste à enlever le petit opercule noir d'un coup d'épingle sans *sukeller* inutilement, et puis à choper la bestiole d'un seul coup. On peut accompagner la chasse aux bigorneaux d'une tartine au beurre. Mais c'est faisable sans. Par contre, une bonne gueuze ou, mieux encore, un vieux lambic sera parfait pour le mariage. Attention, le bigorneau, même s'il a la coquille crollée, n'est pas une caricole. Jamais, au grand jamais. Et ce n'est pas parce que les mêmes marchandes les vendent qu'ils sont cousins. C'est clair ?

Les ribbetjes

Il était temps de parler de ce qu'il y a dans le ventre de tout Belge. Ce qu'il s'y met, on en parle depuis des pages. Ce qu'il y a dans ce ventre à vide, pas encore. Le Belge a une brique dans le ventre, je ne fais qu'énoncer un fait unanimement reconnu.
Ce qu'on oublie souvent de préciser, c'est que c'est une brique réfractaire. Celle qui fait partie du barbecue sans lequel un bon Belge n'est pas heureux. Le barbecue et le bruit de la tondeuse sont synonymes de soleil et si le Belge n'a aucune envie de s'expatrier, il n'est jamais plus heureux que quand le soleil luit sur son coin de pelouse.
Le Belge a plein d'idées culinaires en rapport avec le barbecue. Autant il sèche parfois sur le menu du soir, autant ses neurones s'agitent dès qu'ils sentent le charbon de bois.
Le Belge, en plus de sa brique dans le ventre, a une âme de gamin. Il adore sucer et manger avec les doigts. Nous n'y pouvons rien. C'est un atavisme qu'il serait inutile de nier et puis c'est tellement bon.
Les ribbetjes sont des travers de porc qui se prêtent merveilleusement à la réalisation de ces travers de Belges. Dans l'immense majorité des cas, les ribbetjes sont marinés. La recette de la marinade varie d'un ménage à l'autre. Si l'on veut faire facile, on les achète déjà marinés histoire de faire des taches orange dans toute la cuisine avant d'atteindre les braises. Dans le cas où il s'agit d'une marinade maison, le secret de sa fabrication sera immanquablement révélé à l'heure de passer à table afin de récolter les compliments mérités.

La cuisson doit être suivie minutieusement, un verre de Blanche à la main, l'autre dans une manique et un œil sur les enfants qui tapent le ballon un peu trop près de la sacro-sainte grille. Certains adeptes du barbecue mettent beaucoup de bonne volonté à carboniser les ribbetjes pour avoir un peu plus de croquant sous la dent. Qu'ils soient respectés, c'est leur choix. L'ultime étape vient à table. L'attaque doit être franche. Pas de manœuvre détournée pour entreprendre la bête. La mâchoire doit se mettre d'emblée sur le petit braquet car la route est longue. Si les serviettes ne se sont pas envolées, il est possible de s'essuyer la moustache avant les pauses « petit rosé bien frais ». Bon appétit.

La Leffe

La Leffe fait partie des bières d'abbaye belges les plus connues. Elle est actuellement brassée et commercialisée par Interbrew (Inbev) et non plus produite dans l'enceinte de cette petite abbaye charmante de bord de Meuse, bien que celle-ci détienne toujours le nom et la recette de fabrication de cette bière généreuse.

La Leffe rencontra au cours de ces deux dernières décennies un tel succès commercial qu'elle donna naissance, en 1994, au concept de « café Leffe ». Il s'agit, au départ, de cafés situés dans les centres de treize villes touristiques belges comme Dinant (mère patrie de la Leffe), Bruxelles, Bruges, Gand ou Charleroi. Par la suite, les « cafés Leffe » partirent à l'assaut du vaste monde et de ses principales capitales.

Dans un « café Leffe », on boit de la Leffe, bien entendu. Sous toutes ses formes, la blonde, la brune, la triple et la radieuse, et servies à température parfaite dans le verre adéquat avec le bout de fromage ad hoc. La décoration des cafés est en rapport avec le produit consommé, c'est-à-dire en harmonie avec la simplicité de la vie monastique mais sans les horaires des messes. J'ignore si la prière est de mise avant le repas, mais si ce n'est le cas, il faudrait se pencher sur la question. Les instances commerciales n'en sont pas restées là, c'eût été dommage avec une si bonne bière. Les mets sont aussi de la partie. Les carbonnades flamandes à la Leffe brune, la quiche à la Radieuse ou la poularde brabançonne à la Triple sont autant de raisons de bouder sa petite salade au fromage allégé et au jambon maigre !

La Leffe en ligne

www.leffe.be

Les oiseaux sans tête

Aux oiseaux sans tête, a-t-on conservé les ailes et les pattes ? Non, pas plus que la queue. Et pourtant, ces oiseaux sans queue ni tête qui ne ressemblent pas plus à des oiseaux que mes textes à un recueil de poésie sont bel et bien des volatiles. Le sens de ce mot a été perdu par des générations entières de Belges qui de tout temps en ont mangé. Avec des choux, avec des carottes, avec des chicons braisés, avec des pommes de terre sautées. En sauce ou cuit simplement au beurre, l'oiseau sans tête ne fait pas le fin bec, il aime tout compagnon. Si d'aventure un de nos amis français ou québécois voire sénégalais ou tunisien venait à lire cet ouvrage, comprendrait-il mon propos ? Je crains que non. Je vais donc me montrer un rien plus explicite. L'oiseau sans tête est une admirable invention qui allie au filet de bœuf un haché de porc et de bœuf ou de porc et de veau si l'on veut faire plus compliqué. Il sera préparé par votre boucher ou confectionné par vos petites mains expertes. Veillez alors à choisir un morceau de filet de bœuf ni trop gros (ça complique encore les histoires niveau cuisson) ni trop fin (la résille, ça laisse filer le haché). Réalisez de petits boudins de haché assaisonné (de 4 cm environ, sinon ce n'est plus un oiseau mais un serpent) que vous entourez de la tranche de bœuf. Voilà, il ne reste plus qu'à les cuire dans du beurre et à trouver un ou deux légumes pour accompagner. Normalement, c'est déjà fait car ce n'est pas au moment de cuire la viande que l'on part acheter les choux, n'est-ce pas ? L'oiseau sans tête se cuit doucement car, si lui n'a plus de tête, vous, il doit vous en rester un peu, juste de quoi vous souvenir que ce n'est pas parce que le bœuf est cuit que le haché a suivi. Les Français ont la paupiette et la chair à saucisse, mais est-ce vraiment la même chose ? Honnêtement, ce ne doit être qu'une pâle copie. Un peu de chauvinisme n'a jamais fait de tort.

Les croquettes

Il était un homme qui s'appelait Davy, il était né dans le Tennessee. Si courageux que lorsqu'il était petit, il tua un ours du premier coup de fusil. Davy, Davy Crockett, l'homme qui n'a jamais peur ! À quatorze ans, il s'était perdu. Dans un désert vaste et inconnu. Pendant dix jours, il marcha vers le sud. Sans rien manger d'autre qu'un petit peu d'herbe crue. Davy, Davy Crockett, l'homme qui n'a jamais faim ! Que serait notre culture historique sans Chantal Goya ? Je vous le demande. Davy Crockett, de son vrai nom David Croquette, le héros d'Alamo, l'homme qui se battait dans le désert du Texas avec un couvre-chef en fourrure pour ne pas qu'on le confonde avec Laurence d'Arabie, sa femme. David, vu l'époque et la région, n'était pas un prénom facile à porter, c'est pourquoi il décida de prendre un pseudo. Et, n'eût été la fourberie du général Santa Ana qui faisait jouer le Déguelo chaque soir sous les fenêtres du couple, l'histoire eût pu perdre la trace de l'inventeur du bonheur des belles-mères à Noël. Car oui, chers lecteurs, si vous recevez, pour accompagner le plat de gibier sempiternel de Noël, en plus des demi-pommes fourrées d'airelles, des croquettes, c'est grâce à Laurence d'Arabie, la femme de David. Durant le lent cheminement qui suivit leur expulsion du Tennessee, pour un fait que la morale nous interdit de reproduire ici, mais enfin, rien qu'à jeter un coup d'œil à son couvre-chef, on voit bien que ce type-là n'avait pas vraiment des passe-temps comme ceux des autres. Donc, écrivais-je, durant le lent cheminement en roulotte, suivant le départ précipité des tourtereaux, David conduisait d'une main sûre l'attelage, Laurence cuisinait à l'arrière, d'un geste moins assuré. Surtout à cause des cahots du chemin. Car, c'est bien connu, une roulotte ça chemine, ça trottine, cahin-caha, oui, mais les pommes de terre, quand c'est cuit, il faut les égoutter. Oui, mais quand ça cahote, il est difficile d'égoutter les tubercules, ils deviennent vite trop cuits. Seule solution pour Laurence ? Faire des petits boudins avec cette purée et les laisser sécher au soleil. Bon, d'accord, quand on voyage, on dégage de la poussière, d'où cette couleur rouge. C'est ainsi qu'est né ce produit extraordinaire qui fait le régal de tous, grands et petits, gros ou maigres, Blancs ou Noirs, avec les doigts ou avec des couverts. Bien évidemment, chez nous, à cause du manque de soleil, il est impossible de les faire sécher et de collecter suffisamment de poussière. Donc, on pane les petits boudins à la chapelure et les fait frire. Comme quoi, les grandes recettes tiennent à peu de chose. Comme le bonheur ou presque.

Quel est donc le secret de ce plat pour qu'il remporte toujours le même succès génération après génération de têtes blondes ? Moi, j'en salivais en sentant l'odeur envahir la maison et maintenant ce sont mes enfants qui sont pris de la même sécrétion buccale quand je me mets aux fourneaux, armé de mon presse-purée et de ma motte de beurre.

Le boudin, c'est une grande histoire de campagne et de fermes. À l'origine, on le fabriquait à la période des fêtes au moment où l'on tuait le cochon engraissé. À l'heure actuelle, il n'y a plus de moment pour tuer le cochon, enfin, entendons-nous, il ne s'agit pas d'aller le tuer en pleine nuit, ça réveille les voisins, je disais donc : il n'y a plus de moment pour tuer le cochon, puisque celui-ci est anonyme et que dans la plupart des cas, le boudin s'achète chez le boucher du coin. Le boudin noir est élaboré à partir du sang frais immédiatement salé pour éviter sa coagulation et dont on farcit les tripes nettoyées et bouillies. Le boudin blanc, quant à lui, est aussi une affaire de cochon mais une affaire différente. Mélange de pain et de morceaux maigres de porc, il se consommait dans les familles rurales toute l'année et n'était pas lié comme le boudin noir à la période de Noël.

De nos jours, le boudin-compote-purée reste une fête de tous les jours. Pour qu'elle soit complète, prévoyez de découper les pommes avec les enfants et de les faire fondre doucement dans une noix de beurre frais. Normalement, ils l'ont tous fait à la maternelle et seront ravis de montrer leur talent de cordon-bleu. Pareil pour la purée. Montez-la avec amour sans lésiner sur le beurre avant que le boudin noir n'éclate dans la poêle. Et hop ! à table. Attention, le risque avec ce genre de plat, c'est la brûlure du palais. Même si on est pressé, faut bien souffler sur sa fourchette !

Le boudin-compote-purée

Le Bouquet des Moines

Le Bouquet des Moines de l'abbaye du Val-Dieu est un fromage à pâte molle et à croûte fleurie. Fabriqué à l'abbaye du Val-Dieu, sur le plateau de Herve, il fait partie des fromages de la maison Herve Société.
Il s'agit d'un fromage onctueux, bien plus doux que ses frères de Herve. Il a sa place en gastronomie belgo-belge, où il s'intègre dans beaucoup de recettes. Écoutez voir celle-là, normalement elle est à votre portée (faites juste gaffe au four, c'est chaud ces choses-là) et vous m'en direz des nouvelles.

– 4 pommes de terre moyennes, cuites au four et encore chaudes
– un Bouquet des Moines taillé en cubes de 2 bons cm de côté
– beurre demi-doux
– 1 jaune d'œuf
– ciboulette hachée
– sel, poivre, muscade

*• Décapitez la **pomme de terre** cuite et creusez-la, en évitant de percer la peau, c'est mieux, sur plus de la moitié de son épaisseur • Dans un bol, réduisez la chair en purée • Ajoutez le **Bouquet des Moines**, le **beurre**, le **jaune d'œuf**, la **ciboulette**, le **sel**, le **poivre** et la **muscade** • Mélangez • Répartissez cette garniture dans les pommes de terre et disposez-les sur une plaque • Enfournez et laissez cuire 4,32 minutes maximum à découvert à 200 degrés avant de les passer sous le gril • Envoyez le tout à table avec une **laitue** croquante à la **vinaigrette** bien relevée. Et qu'est-ce qu'on dit ? Merci, m'sieur.*

Les choesels

Ce serait un pléonasme que de parler des « choesels à la bruxelloise » car ils ne peuvent être qu'à la bruxelloise. Et c'était au temps « où Bruxelles bruxellait », c'était au début du siècle, je parle du siècle passé bien sûr, celui des « dames en crinoline et des messieurs en gibus », que les choesels ont connu leur heure de gloire. Gloire certes confinée à la capitale, mais que serait un pays sans sa capitale pour le porter à bout de bras ?

Vous rencontrerez peut-être, dans un de ces vieux *caberdouches* de jadis, un vieux *ket*, l'œil trouble comme le lambic qui lui tient compagnie, qui *broebel* sa nostalgie de ce plat d'un autre temps.
Il n'y a plus beaucoup de restaurants qui préparent les choesels comme par le passé, qui accommodent les abats avec tout le savoir-faire nécessaire pour que la chose ressemble à un festin. Il fut un moment où chaque restaurant servait des choesels comme on sert une sole. Cela faisait partie de toutes les cartes. Cela faisait partie du goût des Belges à part entière ou du moins de ceux qu'on appelle gentiment les Brusseleirs.
Les choesels ne sont pas comme certains ignorants peuvent le croire des testicules de taureaux. Cela, c'est la rumeur populaire, celle dont on se sert pour effrayer les enfants ou les jeunes filles en mal d'amoureux.
Les choesels sont des morceaux de pancréas de veau agrémentés de bien d'autres abats. Les pancréas sont bien trop rares pour qu'ils puissent constituer l'essentiel du plat, mais sans pancréas pas de choesels. La queue et les rognons de bœuf, le ris de génisse et les pieds de mouton entrent aussi dans la composition. Tout un cheptel de ruminants qui se donnent la patte pour nous mettre l'eau à la bouche. La préparation est laborieuse et se doit d'être méticuleuse, sinon le festin se termine en *bazoef* et ce serait dommage.
Le lambic, la gueuze et le verre de madère disputent le reste des saveurs aux petits légumes.

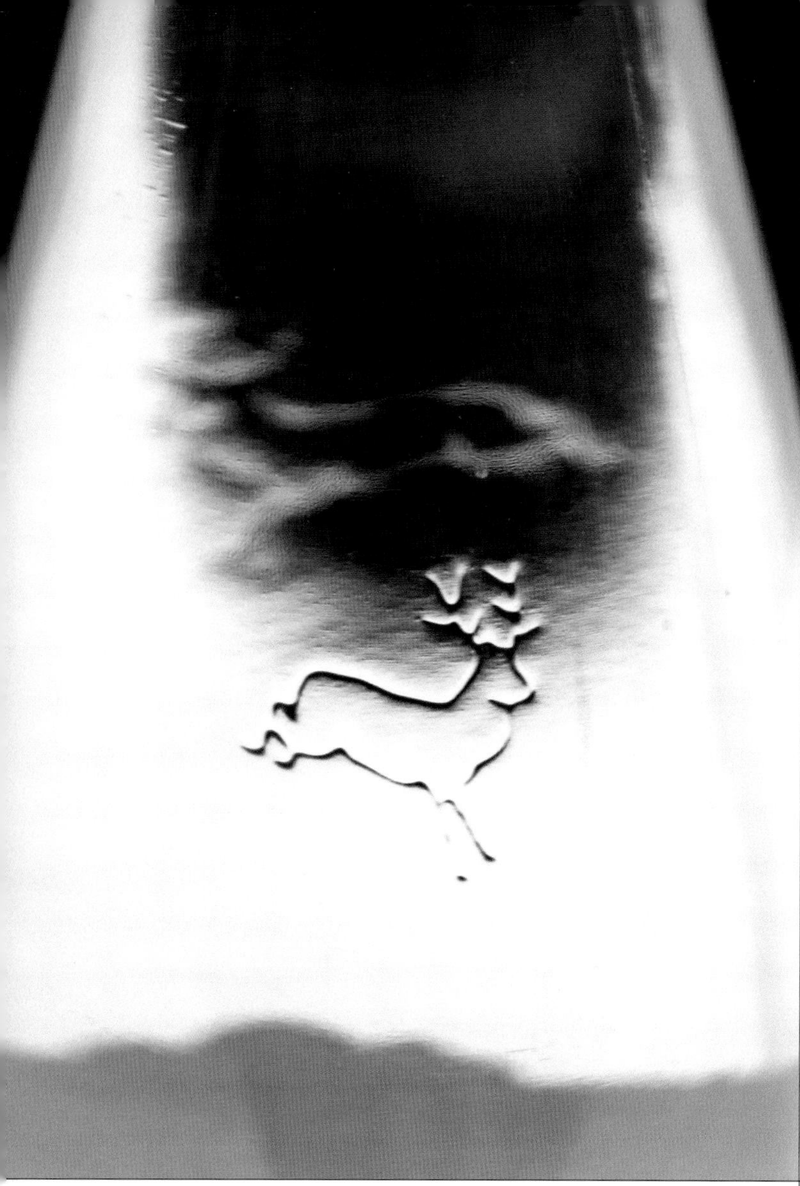

La Bru

Il y a une trentaine d'années au maximum, quand l'eau de Bru a déferlé sur nos tables, elle était positionnée comme un produit de luxe. Coup de génie des communicateurs de l'époque, nous étions avant la mode de l'eau, avant que l'on en fasse un produit parfois de luxe. La Bru des origines n'existait qu'en demi-bouteille de verre, avec déjà la forme d'aujourd'hui. Il existait tout un matériel de présentation qui allait des seaux à glace adaptés au dessous-de-bouteille en métal argenté. Seuls les plus grands restaurants y avaient droit, au départ. Et puis, le nom étant « fait », l'eau s'est démocratisée. Aujourd'hui, on trouve toujours ces demi-bouteilles en restauration et des bouteilles en PET en grande surface. L'eau a toujours le même goût, heureusement, hein ! Elle n'a pas connu le problème de certaines de ses concurrentes. L'eau perlée est devenue une part intégrante de nos tables. On n'imagine pas une table de fête sans une demi-Bru, même si d'un point de vue purement digestif les eaux effervescentes ne sont pas idéales. Mais ça, c'est un tout autre débat.

Les petits-gris

Il y a plusieurs méthodes pour trouver les escargots. La méthode active qui consiste à enfiler ses bottes en caoutchouc, à prendre un seau et à se diriger vers la voie ferrée la plus proche dont on vous a dit que c'était un talus à escargots. La méthode professionnelle qui consiste à les élever. Point n'est nécessaire de diplôme particulier ni de certificat, simplement un minimum d'infrastructure et de connaissances, mais personnellement, je connais peu de personnes qui parquent des petits-gris dans leur jardin, à la limite, elles ont quelques laitues, du thym et un pommier, mais cela se résume à cela.
La méthode paresseuse consiste à les acheter.
En général, en surgelé. On joue petit (gris) mais c'est déjà ça, surtout si maman vous a offert un set d'assiettes à escargots, pinces et petites fourchettes avec quelques bouteilles du caveau municipal de Gevrey-Chambertin et un pot de moutarde, ramenés de son dernier voyage en Bourgogne. La méthode gastronomique, quant à elle, consiste à se rendre dans un bon restaurant et à faire confiance.
Les petits-gris sont une institution à Namur.
Pourquoi ? Pourquoi les Namurois sont-ils lents ?
L'histoire remonte au Moyen Âge, pas celle de la lenteur, celle des escargots. On en a donc perdu pas mal d'épisodes, mais ce n'est pas ça qui compte.
Cela me fait penser à vous rappeler la célèbre course aux escargots par les bonimenteurs en pleine fête de Wallonie, cela vaut le détour.
Comme les petits-gris dégoulinants de beurre et d'ail, servis en coquille ou dans une salade aux pommes de terre. À accompagner d'un vin blanc sec et d'un bon morceau de pain. Pour moi, on peut en mettre deux douzaines. Pour commencer.

Le filet d'Anvers

Cheval compagnon et cheval aliment ne font pas vraiment bon ménage dans l'esprit de bien des cavaliers. Et je sais de quoi je parle ! Pourtant, je tiens à rassurer les amis des équidés, ils ne risquent pas de retrouver un des canassons qu'ils ont affectionnés à l'étalage d'une boucherie chevaline. En Belgique, la viande de cheval provient d'animaux élevés dès le départ pour leur viande, principalement des pays de l'est de l'Europe.
La consommation de la viande de cheval, de loin inférieure aux autres types de viande, est en train de connaître une recrudescence à la suite de l'épidémie de la « vache folle ».
Le filet d'Anvers est étranger à ce phénomène. En effet, il fait partie du goût des Belges et principalement des Wallons depuis des décennies, contrairement à ce que laisserait supposer une telle appellation.
Fumer la viande est une méthode ancestrale de conservation. Pour fumer la viande, il faut du bois et c'est dans les forêts wallonnes, entre deux débardages, que germa l'idée de fumer le filet de cheval.
J'ai énoncé le problème de la « vache folle », mais il y a une raison supplémentaire de privilégier la viande de cheval. C'est la raison diététique. C'est, en effet, une viande nettement plus maigre et pauvre en cholestérol que les jambons fumés d'Ardenne ou autres.
Ce qui lui confère un atout considérable.
Le filet d'Anvers s'est de tout temps dégusté en Belgique. Cela vaut peut-être la peine de mettre de côté ses idées préconçues et de se dire que le boucher chevalin n'est pas un criminel.

Le jambon d'Ardenne

Ce n'est certainement pas pour rien que dans le mot « jambon », il y a « bon ». C'est probablement un des critères que notre législation a retenus pour en faire une AOP (appellation d'origine protégée) comme le beurre d'Ardenne et le pâté gaumais. La renommée du jambon d'Ardenne dépasse largement nos frontières, pour le plus grand bonheur de ces sympathiques Ardennais de nos campagnes qui se prennent le dikke nek pire que des Français. Allez, tout cela est dit avec un sourire de connivence et sur le ton de la plaisanterie, je le précise au cas où vous n'arriveriez pas à lire entre les lignes. À propos de Français, leurs Ardennes ont aussi un jambon d'Ardenne en appellation, ainsi tout le monde est content.

Le fier jambon d'Ardenne vit exclusivement dans la province de Luxembourg. On a vu quelques spécimens capables de séjourner dans des cantons attenants des provinces de Liège et de Namur. C'est un produit de viande sec, provenant d'une cuisse de porc. Cette cuisse est salée à sec soit par frottage au sel soit par immersion dans une saumure. Le fumage, contrairement aux idées répandues dans le reste de la Belgique qui se trouve hors habitat du jambon d'Ardenne, est facultatif. Quand il est fumé (non, pitié, n'en roulez pas une tranche pour essayer, vous ne pourrez pas l'allumer), c'est à l'aide de bois ou de sciure de bois rigoureusement sélectionnés.

Tant de rigueur tient au fait que les facteurs naturels sont primordiaux. Saler et fumer une cuisse de porc ailleurs qu'en Ardenne, n'aura pas le même goût. Il manquera le microclimat ardennais et ses phénomènes saisonniers de température, d'humidité, de circulation d'air frais et humide indispensables à l'harmonie de la maturation et du séchage.

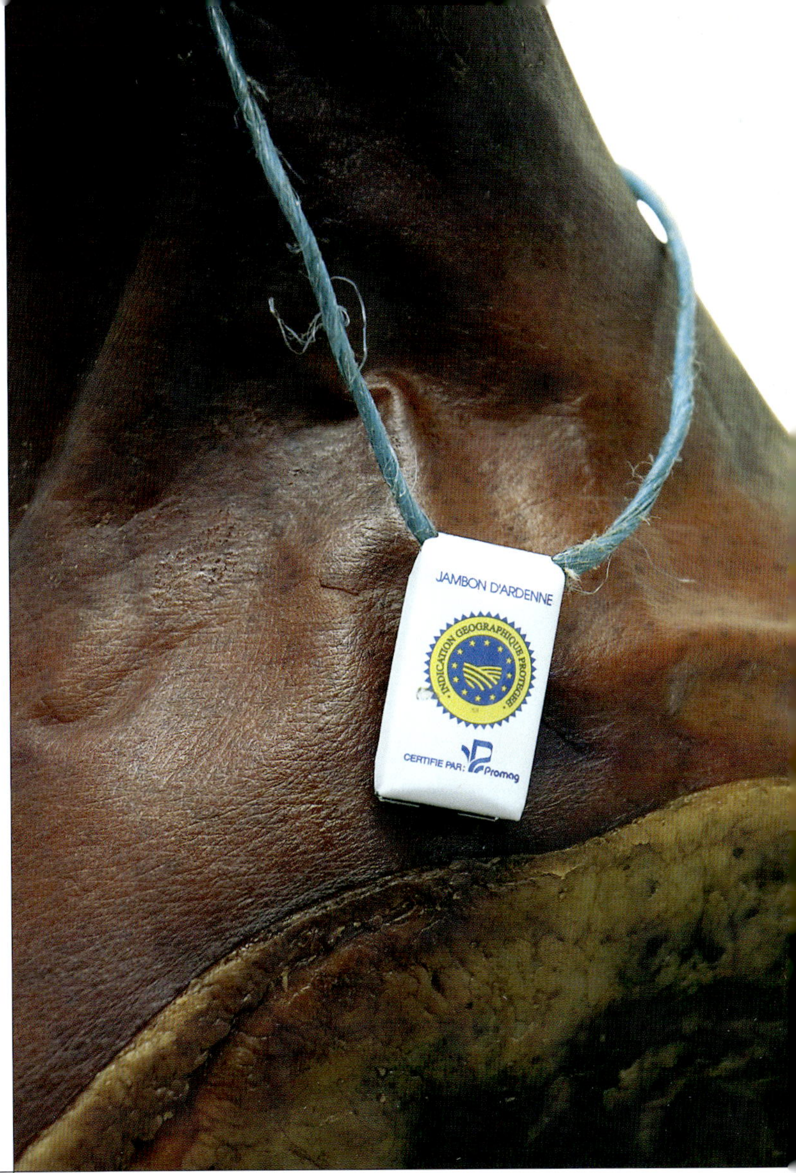

Je terminerai ce sermon sur le jambon d'Ardenne par quelques conseils aux consommateurs. Gaffe aux contrefaçons !!! Comme tout produit bénéficiant d'une notoriété amplement justifiée, il a été copié par maints charcutiers peu scrupuleux, vous vendant 4 tranches d'un bête jambon fumé en lieu et place du jambon d'Ardenne. Les produits préemballés en barquette de plastique avec un petit air nature et une branche de persil dessinée sur l'emballage pour faire joli sont, pour la plupart, « fumés » en y aspergeant une sorte de sirop en spray qui « fume » le tout en 24 heures. Donc, méfiance. Surtout si vous avez fait les courses tout seul. Vous risquez de vous faire taper sur les doigts quand maman dressera les assiettes !

La babelutte

Dites donc, là-bas au fond de la classe, les deux *babeluttes*, vous allez vous taire ou ça va barder. C'est pas la peine d'essayer de parler en *stoemmelings*, on vous entend jusqu'à l'estrade ! En tout cas, vous serez de corvée *frotteur* toute la semaine.
Tout le monde sait ce qu'est une babelutte. C'est quelqu'un qui *babbel* ou qui bavarde. En ce qui concerne la célèbre confiserie de Furnes et de toute la côte belge, c'est juste le contraire. Le mot « babelutte » vient bien du néerlandais « babbelen » mais le « utte » final (et non la lutte finale) signifie « uit » qui marque la fin. La fin de la conversation. Ce qui veut dire texto : « bavarder terminé ». Car quand on suce une babelutte, il est impossible de parler. D'ailleurs, on ne parle pas la bouche pleine bien que, quand on suce quelque chose, il soit possible de faire des pauses. Oui, les pauses sont permises en ce qui concerne les grandes babeluttes en caramel torsadé emballées dans un joli papier qui permet de les passer d'une main à l'autre sans qu'elles restent jointes dans une supplique désespérée. Pour les petites babeluttes de 4 centimètres, il est impossible de pauser et même résolument déconseillé de parler, de porter un appareil dentaire à plaquettes et élastiques roses ou d'avoir été opéré des amygdales récemment sous peine de regretter amèrement d'avoir cédé à la tentation.

Le pain perdu

Le pain perdu n'est pas celui qui s'échappait des poches du Petit Poucet, c'était des cailloux qu'il semait, les oiseaux mangeant les mies. Non, le pain perdu, c'est celui qui est perdu pour nous, trop dur, trop sec, trop vieux. La recette remonte aux temps passés, ceux où la notion de gaspillage n'existait pas. Temps sages où accommoder les restes pouvait être un prélude à un moment de bonheur.

Le pain perdu, c'est d'abord une odeur. L'odeur des soirs d'automne. Pourtant, il me semble qu'on devait aussi en manger les soirs d'été, mais dans ma mémoire, c'est l'odeur de l'automne qui s'impose. Associée à celle de la cassonade. Enfant, j'avais le droit de faire mollir les tartines de pain rassis dans le lait puis de les passer dans le jaune d'œuf. La cuisson des tartines, c'était ma mère qui la gérait. D'ailleurs, j'étais trop petit pour voir ce qui se passait à l'intérieur de la poêle. Un monde de mystère qui envoyait vers moi ses fumets délicieux. Du pain perdu, j'en ai mangé avec ma mère, avec ma grand-mère et même avec mon arrière-grand-mère. Aujourd'hui, j'en mange avec mes enfants. Je les soupçonne parfois de déposer des tartines sur le radiateur pour les dessécher. Surtout le petit, celui qui s'amuse à croquer les grosses boules plus foncées de cassonade.

Les mignonnettes Côte d'Or

La chose n'est plus belge mais qu'importe, les mignonnettes Côte d'Or avec le café font autant partie de notre culture que le JT de 19h30 ou les pistolets du dimanche matin. Cessons de nous voiler la face, nous sommes tous accros aux mignonnettes et principalement aux rouges, celles au lait.
Première situation : shopping avec madame et petite pause dans un établissement correct car elle a mal aux pieds. Deux cafés, s'il vous plaît. Réception de la chose. Ajouter le lait, le sucre dans le breuvage le cas échéant et sans tarder s'emparer du rectangle rouge. Surtout ne pas le laisser fondre contre la tasse chaude. L'ouvrir. Je pourrais dire délicatement mais il ne faut pas exagérer car la friandise est conçue pour se déballer d'un coup d'ongle, sans forcer. Boire une première gorgée de café, en général encore trop chaude, et mordre dans la mignonnette. En deux bouchées, malheureusement, l'affaire est entendue. Terminer son café et évoquer la possibilité d'écourter les achats et de rentrer à la maison.
Deuxième situation : chez soi. Nous avons à disposition un matériel de travail plus conséquent, composé dans la plupart des cas des mignonnettes au chocolat noir, au lait, noisettes et café. Plus de limitation dans le plaisir, toute la boîte peut y passer, quel bonheur !
Troisième situation : le petit plus au travail, quel que soit votre domaine, il y a toujours un collègue qui, un jour, apporte une boîte de mignonnettes pour son anniversaire.

En clair, les situations ne manquent pas et c'est comme ça depuis 1935, date de lancement du produit sur le marché belge. Et on viendra dire que les jeunes d'aujourd'hui, c'est plus ça !

Côte d'Or en ligne

www.cotedor.be

Les gaufres de Liège

Ce qui m'a toujours fait sourire avec les gaufres de Liège, c'est que les personnes qui les vendent sont les mêmes que celles qui vendent des glaces en été. Dans les mêmes véhicules. Il y a une trentaine d'années, sur la grand-place de Nivelles, il y avait un attelage. Un vieux cheval et un vieux bonhomme. Les gaufres, les glaces, son cheval, cela semblait être tout son monde. J'achetais parfois une gaufre. Parfois, je me contentais juste de le regarder et de voir toute la fatigue du monde dans les yeux de l'homme et du cheval. J'essayais de ne pas y penser et je grimpais dans mon bus en rigolant avec les copains. Les gaufres, maintenant que j'ai grandi, c'est plutôt une histoire de brûle-lèvres au cours d'un après-midi de shopping dans la cohue d'une foule en délire et dans le délire d'une foule en cohue.
Il y a gaufres et gaufres. Celles d'un bon boulanger valent tous les délices du monde. Surtout quand on tombe sur un gros morceau de sucre perlé qu'on laisse doucement fondre dans la bouche.

Les vôtres aussi seront peut-être **les meilleures**

– 750 g de farine pour pâtisserie
– 270 g de lait tiède
– 70 g de levure fraîche
– 3 œufs entiers et 2 jaunes d'œufs
– 15 g de sel
– 1/2 sachet de sucre vanillé
– 400 g de beurre ramolli
– 500 g de sucre perlé

• Faites la pâte avec tous les ingrédients à l'exception du beurre et du sucre perlé. Laissez-la reposer 30 minutes recouverte d'un linge • Incorporez le beurre ramolli à la pâte en pétrissant et terminez par le sucre perlé • Divisez la pâte en pâtons de 100 g. Laissez-les poser 15 minutes • Cuisez les gaufres dans un fer bien chaud et graissez à la couenne de porc pendant 3 minutes.

Les lacets

Qui fut l'inventeur du bonbon ? Bonne question dont la réponse se trouve peut-être dans le dictionnaire des inventions, mais rien n'est moins sûr. Comme je parle de sur, vous vous attendez sûrement à un acidulé quelconque. Excusez-moi, ce serait faire offense à votre capacité de lecture. Il y a un titre et c'est le lacet. Le ou les lacets car un lacet ne se promène jamais seul sauf quand il est le dernier du paquet ou quand on est si désargenté qu'on a à peine eu de quoi s'en offrir un unique exemplaire à l'épicerie du village. Je croyais la tradition perdue mais ce n'est pas le cas. Encore de nos jours, on trouve même en ville des melo-cakes, des hosties, des ours en gomme et des lacets à la pièce. Il y a les lacets de couleur, aux colorants différents mais dont le goût est à peu de chose près semblable, mais le vrai lacet est en réglisse. Noir et collant. Surtout quand on l'a mâchonné le temps imparti. Qui varie non pas d'un lacet à l'autre mais d'un individu à l'autre. Il est quasiment impossible, même pour un adulte, de résister à la tentation de mordiller et de suçoter le lacet sur toute sa longueur sans le sortir de sa bouche et de le brandir devant soi tel un trophée exceptionnel. Certains d'entre vous ont en leur vie, ne dites pas non, ça ne sert à rien, cela ne sera pas vérifié, stocké dans un coin de leur table de nuit des lacets en cours de consommation. Non pas des lacets à moitié mangés mais bien des lacets à moitié sucés. Ils ont connu l'affreux dilemme par la suite. Que faire le lendemain voire quelques jours plus tard quand l'envie de lacet vous reprend ? Commencer un autre lacet et abandonner le précédent ? Cela serait criminel. Non, le dérouler avec délectation, car seul et dans le noir, le lacet a une grande propension à se lover en position fœtale, comme pour se rassurer, et reprendre la tâche là où on l'avait laissée. Vient alors un moment où le temps est suspendu. Les quelques secondes avant que l'on se décide à happer l'agglomérat noir et luisant d'un seul coup d'incisive rageuse.

La confiture de fraises Materne

La culture c'est comme la confiture, moins on en a, plus on l'étale. Du côté culture, moi, j'ai de la chance, j'ai pas trop à me plaindre. Vous l'aviez remarqué, j'imagine. Par contre, côté confiture, souvent je galère et s'il y a bien une chose que je déteste étaler, c'est la fin d'un bocal de Materne aux fraises. Pour avoir une tartine rose pâle ? Insensé ! Le fond d'un bocal de Materne est conçu de telle façon qu'il est quasiment impossible de ramasser les derniers grammes à la pointe du couteau. Il faut toujours prévoir une cuillère. Bon, O.K., dans tous les cas, il faut mettre une cuillère dans la confiote, mais reconnaissez que vous aussi, vous ne le faites pas tout le temps. Dans la foulée, reconnaissez aussi que parfois vous léchez votre couteau. Faute avouée est à moitié pardonnée. Pour en revenir aux fins de bocaux, il faut une cuillère et alors là, quoi ? Étaler ça sur le pain ? Ben non, hein, ça frise le ridicule. Direct sur la langue. On n'a jamais que le bien qu'on se fait. J'en parlais encore à mon psy dernièrement. La confiture Materne en grand, moyen ou petit pot, c'est toute une institution ici en Belgique. Chez moi, je veux dire à mon chez-moi de quand j'étais gosse, c'était la seule qui méritait de trôner à côté des confitures maison dans l'armoire du haut. La rhubarbe-abricot et la rhubarbe pure étaient les grandes spécialités familiales. Des fraises, on en avait aussi mais on se les mangeait fraîches avec du sucre, alors, pour les confitures, pensez... J'adorais la rhubarbe mais j'aimais nettement moins la cellophane sur le pot. C'était sympa à appliquer quand on donnait un coup de main avec les élastiques et la petite éponge pour mouiller le papier mais après, ça partait dans tous les sens bien avant la fin du pot. Sur le bocal de Materne, y avait un couvercle à visser. Bonheur. Dedans des gros morceaux de fraises et du fondant. Sur une tartine de craquelin au beurre frais, il n'y a toujours pas mieux au goûter. Dommage que j'aie grandi et qu'à mon âge, y a plus de goûter. Ça aussi, je vais en causer à mon psy !

Materne en ligne

www.materne.be

La tarte au riz

À la fin du mois de septembre, au moment où les champs étaient coupés et que l'air embaumait l'herbe fraîche qui fanait, il y avait sur la ligne de départ une centaine de coureurs. C'était dimanche de ducasse dans un petit village de Wallonie. C'était jour de fête et jour de course. Jadis, mon père, lui aussi, avait fait briller son vélo, vérifié fébrilement ses pneus et s'était entraîné durant des mois à gravir toutes les côtes du coin pour déterminer quel serait le meilleur braquet pour les négocier. Jadis aussi, il avait reçu le bouquet d'une jolie jeune femme à la jupe plissée, au sourire et aux jambes interminables. Sur la photo en noir et blanc, il a l'air un peu sot, c'est qu'il était heureux.

À la ferme, c'était l'occasion de tuer un cochon ou un mouton puisque toute la famille était réunie. Nous, les enfants, nous ne pensions qu'aux autos-scooters et aux bouteilles de limonade. Ma grand-mère, je crois, ne songeait qu'à ses tartes. Elle s'y était mise quelques jours avant. Il fallait récurer le grand four au bois de l'arrière-cuisine qui ne servait qu'à l'occasion. Elle les faisait immenses, ses tartes, les disposait sur une claie à tartes en bois et les gardait au frais à la cave. Il devait y en avoir une dizaine et pourtant nous n'étions que vingt à table. Mais il faut dire que les voisins passaient après la course, échanger leurs émotions et boire une jatte en mangeant un petit bout. Quand je pense qu'après la tarte, il y avait encore des sandwiches et du jambon, je me demande comment on ingurgitait tout cela. Sa tarte au riz était fameuse. Sur le plateau à étages, il y en avait toujours quatre. C'était la préférée de tout le monde.
Y mettait-elle une quantité différente de sucre ou d'œufs, cuisait-elle son riz au lait autrement ? Ses bâtons de vanille venaient tout simplement de l'épicerie du coin mais ils avaient la douceur des endroits somptueux. Peut-être toutes les grands-mères de Belgique préparaient-elles des tartes au riz aussi savoureuses les jours de ducasse et peut-être ne les avons-nous jamais oubliées ? Cela doit être pour ça que nous les aimons tant, les tartes au riz et les grands-mères...

Les langues de chat

Dans cette aventure, deux héros du folklore national contemporain se croisent. D'un côté, le Chat, le meilleur ami de Roger, le roi du muscadet. De l'autre, le chocolat, belge pour bien faire. Même s'il n'existe pas d'appellation à proprement parler. Le chocolatier, le pralinier plutôt, de cette histoire se nomme Jean Galler. Un artisan qui se dépense sans compter pour faire vivre ses boutiques, sa marque un peu partout autour de la planète et chez nous bien sûr. Des bâtons de chocolat créés par l'homme sont vendus, depuis quelques années, au profit de la recherche contre la sclérose en plaques, c'est une grande et belle chose. Et une très bonne raison pour goûter ses chocolats. Il y a quelques années, aux débuts du Chat, le chocolatier et le dessinateur se sont croisés, se sont parlé, se sont compris, ont trouvé un bon deal et depuis on trouve des langues de chat en chocolat. Ce genre d'histoire tranquille ne pouvait arriver que chez nous, tellement relax et décontractée. Vous imaginez-vous une souris aux grandes oreilles en chocolat sans qu'il soit immédiatement question de millions de dollars de contrat ? Tandis que chez nous, un manieur de crayon et un mélangeur de chocolat se rencontrent et hop ! le tour est joué. Merci les gars. Je tiens à signaler que l'un et l'autre font, chacun de son côté, une très belle carrière. Au cas où vous auriez quitté l'Europe depuis longtemps.

Le javanais

Dans ma prime jeunesse, au temps où nous étions sûrs et certains d'inventer la roue chaque fois que nous avions une idée fulgurante, il nous est arrivé d'inventer une langue. Dans l'espoir de communiquer sans être compris des adultes.
Nous parlions donc le javanais. C'est simple, il suffit d'ajouter deux syllabes commençant par D et G et reprenant la dernière voyelle de la syllabe précédente. Ce qui donnait quelque chose comme : « tudugu vadaga biendingin ? » Petite mécanique facile à suivre et à comprendre, mais, arghhhhh, gasp et autre damned rascal, que mes parents pratiquaient déjà dans leur jeunesse. Certes, c'était il y a suffisamment longtemps pour que nous puissions croire que c'était notre invention, mais hélas ils comprenaient tout ou presque. Ah, jeunesse ingrate, que ce premier contact avec le javanais fut décevant.
Ensuite vint le tour de la *Javanaise* du grand Serge. Même si je savais pertinemment que l'œuvre fut composée bien longtemps avant ma jeunesse, j'avais le même sentiment que Christophe Colomb devant les plages d'Hispaniola. Mon dieu que c'est beau, une Javanaise !
Enfin, un matin, j'ai ouvert une boîte à gâteaux rose et j'en ai extrait ce curieux petit pataquès. Comme un mille-feuille de fine génoise au café, de crème au beurre moka et de ganache au chocolat noir. Pour être bon, succulent même, le gâteau doit être frais. Un javanais de quelques jours est immonde, il offre une résistance de mauvais aloi à la consommation, la ganache colle à la cuillère et les feuilles sont sèches comme du buvard. Un bon, un grand javanais doit être tout moelleux, comme le ventre bien chaud de l'ours qu'on aime et contre lequel on va se blottir quand le chagrin guette. Les saveurs du café, de la crème au beurre et du chocolat se mélangent dans un orgasme presque parfait. En fait, c'est vrai, c'est un peu comme l'orgasme, il faut que tout se mette parfaitement en place pour que cela marche.
À propos de l'origine du nom, là par contre, c'est tellement parfait et évident que j'hésite à vous la conter par le menu. Allez, en deux mots, c'est l'histoire d'une pâtisserie au café qui aurait pu se nommer l'arabica ou le forta, voire l'éthiopien, mais vu les couches mélangées, elle a choisi la voie du javanais. Quelle vie, mes amis !

La dame blanche

La dame blanche est apparue en Belgique juste après le grand match qui opposa Jean-Claude Van Damme à Bobby Fischer, lequel vit la victoire de l'Américain en deux minutes trente après sa célèbre ouverture de la dame blanche. Eh oui, notre acteur avait opté pour les noires, mauvais choix s'il en est ! Maintenant, question fondamentale : comment faites-vous pour croire encore ce que je dis ?
La dame blanche est-elle apparue en Belgique à un moment ou l'autre ou fait-elle partie de notre culture gustative depuis toujours ? Je pencherais plutôt pour la deuxième solution car, en fait, nul ne sait quelles sont les origines du fameux dessert. Ce qu'on en sait en gros, c'est que c'est le dessert de prédilection des collectivités, des enfants mais aussi de certains gastronomes. Son élaboration, somme toute assez simple, en fait quelque chose qui va de l'exécrable au divin. C'est que dans une dame blanche, il n'y a que les produits qui comptent, le tour de main, vous oubliez. La Fermette par boîte de 5 litres, la crème fraîche fouettée ouverte depuis 3 jours et le chocolat liquide en bidon grand modèle peuvent à la limite séduire un groupe de pensionnés lors d'une visite de Bruxelles en autocar après une croquette aux crevettes surgelée et des carbonnades flamandes, mais pour autant que l'on possède un vrai palais et non un de ces trucs en plastique avec des fausses dents accrochées, il faut refuser.

Elle fait partie de notre **culture gustative** depuis toujours

*• Pour une bonne dame blanche, il faut de la **glace vanille** de première qualité, artisanale, une sauce au **chocolat fondu** doucement au bain-marie mélangé avec un peu de **lait** pour éviter qu'il ne se fige sur la glace à la façon d'un mauvais melo-cake et une **crème fraîche** qui doit être plus battue que pour un irish-coffee mais un peu moins que pour une chantilly • Et surtout ne pas oublier la **« pirouline »** à planter au sommet de l'édifice.*

Le choco Kwatta

Petits zoizeaux, zeaux
Qui mangez du Kwatta, ta
Petits zoizeaux, zeaux
Ne vous envolez pas
Ne vous envolez pas.

Petits zoizeaux, zeaux,
Si vous vous envolez
Petits zoizeaux, zeaux,
Le Kwatta restera là.

Moi, je regrette juste qu'on ne le délivre plus dans ces magnifiques petits seaux en plastique avec la feuille du dessus qui laissait des traces comme s'il s'agissait de marbre.

Le lacquemant

Quand Berthe a rencontré Roger Lacquemant, elle ne savait pas qu'elle et lui passeraient à la postérité à la suite d'une petite incartade. Le lacquemant moderne est le mets favori des Liégeois lors de la magnifique foire d'octobre. Mais, comble d'ironie belgo-belge, le lacquemant est aussi bien connu et considéré comme une spécialité locale à Anvers. C'est comme ça, rideau de pomme de terre ou pas, on aime ces petites choses gluantes au Nord comme au Sud. Mais il me faut revenir à un petit point d'histoire. C'était pendant l'horreur d'une profonde nuit, au bal de la foire d'octobre (elle remonterait au XIIe siècle, alors des bals, y en a eu un sacré paquet), tout le monde chante et ripaille, sauf les Lacquemant dans leur coin. Les Lacquemant dansent sans rien dire, les Lacquemant ce n'est pas très causant. Ils ne causent pas, parce qu'ils pensent à leur nouvelle recette, une super-gaufre de Liège qui cuit en moins de trois minutes. Berthe pense aux échoppes qu'ils pourront ouvrir de par la ville et le pays, voire le monde, où l'on vendra leur gaufre extra, avec une Giclette magique. Roger Lacquemant, lui, réfléchit à la recette qui fera office de texte de loi. L'histoire retiendra son nom grâce aux lois Lacquemant. Une révision complète de la recette traditionnelle de la gaufre liégeoise. Car, tout en dansant et ne disant rien, ils savourent le bonheur de lendemains qui chantent. Cette gaufre sera terrible, épaisse, riche, elle contiendra un sirop à base de sucre candi, de miel et de fleur d'oranger. Dans ces périodes d'exotisme et d'ouverture au monde, la fleur d'oranger, c'est le must. Le sirop sera tiède, pour ne pas brûler les consommateurs. Bref, ça ne peut que marcher. Ils rentrent chez eux. Le lendemain, Roger met en route la pâte, pendant que Berthe fait chauffer le fer. La pâte est levée, c'est le moment critique, celui où il faut faire le petit pâton à cuire. Il prend la quantité de pâte, la roule, la tourne, ouvre le fer et la place bien dedans. Cuisson. Le suspense est intense. La queue du chat balance. Ouverture. Arghhhhhh ! s'exclame-t-il, la chose est plate, ou presque, comme une déclaration d'impôts. Mais où est le sirop, il est autour, partout. La chose colle, luit dans la nuit noire, et croyez-moi ce n'est pas évident du tout. L'homme va pleurer, c'est évident, il n'en peut plus, toutes ces nuits à cogiter avec Berthe, ces expériences nouvelles et un peu étranges. Et là, rien, flanelle serait plus approprié que gaufre. C'est à ce moment que le destin frappe à leur porte. Maurice Tchantchèsdinanesse, un jeune enfant trouvé dans les roseaux de la Meuse qui est aussi leur stagiaire, pousse la porte. Voit la chose et demande s'il peut goûter. D'un air las, hélas, Roger opine du chef. Maurice trouve ça tellement bon qu'il ne peut s'empêcher de pousser un cri de bonheur si puissant que toute la rue accourt. C'était donc en octobre il y a longtemps. Depuis, on mange des « lacquemants » en souvenir de cette belle époque. Allez, c'est presque ça, promis. À un ou deux détails près.

Le sirop de Liège

Voilà encore une bien belle histoire qui, à peu de chose près, est aussi vieille que la Belgique. J'exagère un peu mais, tout de même, cette histoire-là remonte à 1902, date où l'idée de tirer de ses juteux vergers un commerce fructueux germa dans la tête de Clément Premier. Non, il ne s'agissait pas d'un pape sinon on l'aurait nommé libellule ou papillon, mais bien d'un homme à petites lunettes et au sens développé des affaires. Tant et si bien développé qu'il décida d'installer sa siroperie (ce n'est pas un mot grossier, calmez-vous) à Aubel près de la gare. Histoire d'ouvrir un snack proposant des tartines au sirop de Liège. Mais non, hein ! Histoire de pouvoir distribuer son produit dans le vaste monde. Et ça marcha. Car le vaste monde avait besoin de vitamines, de se faire des moustaches brunes et d'avoir les doigts qui collent à mort et n'avait pas forcément à sa disposition de poires, de pressoir et de chaudière en cuivre pour la cuisson à la vapeur.
Je ne vais pas vous détailler toute l'histoire des Clément mais sous Clément Deux, le logo du Vrai Sirop de Liège a vu le jour sur les boîtes en carton. Les poiriers blancs stylisés sur fond de vert des prairies et de bleu du ciel, en frise tout autour de la boîte. Simple et intemporel.
Ça ne fait jamais qu'une cinquantaine d'années au bas mot qu'il fait partie de notre paysage gustato-visuel.
Les usages du sirop de Liège sont variés et vont (attention, cette liste n'est pas exhaustive) de la tartine du matin à celle de dix heures, à celle de quatre heures, en passant par les boulets sauce lapin, les travers de porc laqués, le toast de camembert passé au barbecue et recouvert d'une bonne couche de sirop pour terminer par le collage des images Panini dans les albums de foot. En un mot, la Belgique ne serait plus vraiment la Belgique sans une pointe de couteau de Vrai Sirop de Liège volée par gourmandise avant de refermer le pot.

Le sirop de Liège en ligne

www.sirop-de-liege.com

L'eau de Spa

Spa, ville mythique qui a donné son nom, connu dans le monde entier, a des bains bouillonnants. C'est quand même dingue, non ? Pour ceux qui ne s'en douteraient pas, Spa, il y a un gros siècle, c'était autre chose que le château de la Belle au bois dormant d'aujourd'hui. Le tsar de Russie venait y prendre les eaux en train spécial. Les têtes couronnées venaient ici. Le bon roi Léopold II y a passé de nombreux mois. Bon, d'accord, c'était au temps où la Belgique comptait un peu plus qu'aujourd'hui sur la scène internationale.
À Spa, l'eau n'est pas comme ailleurs, les mots non plus, les maux non plus d'ailleurs, mais ça c'est une autre histoire. Aujourd'hui, on va toujours à Spa pour prendre les eaux, mais surtout pour prendre un Spa, allez, restez, c'est pour rire. On vient à Spa pour se faire du bien, un peu de balnéo, un peu de massage, un peu de vent, un peu de cimes des arbres confortablement installé dans des baignoires en cuivre au milieu de millions de bubulles. Au sortir de tout cela, votre gobelet de curiste à la main, vous vous dirigerez vers un des nombreux pouhons de la ville. Pouhons ? C'est quoi, ça ? Une source, mais c'est nettement plus joli de dire pouhons et en plus c'est tout à fait local. Donc, vous vous dirigerez vers un des pouhons de la ville et vous vous gorgerez d'eau. De celle qui a ce goût si particulier, si pauvre en éléments minéraux qui donne cette texture si surprenante parfois.
Je ne sais pas si c'est le succès ancien de Spa qui a déterminé le code des couleurs pour les étiquettes des bouteilles d'eau, mais chez nos voisins du Nord, il est d'usage, lorsque l'on demande une eau pétillante, de demander un Spa rouge.

La couque de Dinant

Évidemment, faire Dinant sans s'offrir une couque, c'est un peu sot. Pourtant, pour emporter une couque, il faut respecter quelques principes de base. Premier point fondamental : ne pas vouloir la manger de suite. Premier point fondamental bis : ne pas vouloir à tout prix croquer dedans un grand coup, sous peine de se faire appeler par ses amis pendant quelques semaines : « N'a qu'une dent ». La couque de Dinant se déguste peut-être, mais avec de la ruse. Par contre, et là se trouve le deuxième point : ne pas la laisser tomber sur le pied si l'on ne porte pas des chaussures de sécurité. C'est que la chose est bien dure. Trêve de plaisanteries douteuses et éculées sur le sujet, le travail de la couque est un secret jalousement préservé par quelques maisons de la ville. Ricanez tant que vous voulez, mais il s'en exporte aux quatre points cardinaux et même jusqu'au Japon. Composée de farine de froment (jadis épeautre) et de miel, la couque de Dinant daterait du XVIIIe siècle. Si la recette n'est pas compliquée, le « secret de fabrication » quant à lui réside principalement dans la technique de cuisson, transmise de génération en génération par les familles de couquiers. Les couques, un peu à l'instar des spéculoos, sont moulées dans des moules en bois travaillés à la main. Ces moules permettent de donner aux couques cuites les formes les plus diverses, de la grappe de raisin à une vue de la ville depuis la citadelle.

L'éclair au chocolat

Vous êtes-vous déjà interrogé sur l'origine du nom de cette pâtisserie ? Non, car vous attendiez de manger le millième pour y penser. Voilà une bonne réponse vu qu'elle a le mérite d'introduire mon propos. Moi non plus, je n'y avais jamais pensé, il faut croire que nous avons passé l'âge des pourquoi et que nous ne répondons que distraitement à ceux de nos rejetons. Dis, c'est quoi un éclair ? Ben, l'éclair est le phénomène lumineux qui accompagne la foudre. Les gaz, sur le trajet de la décharge électrique, sont surchauffés et émettent de la lumière. La teinte exacte de l'éclair peut dépendre de plusieurs facteurs. Dont le premier est le boulanger. Pas mal, hein, le premier facteur, c'est le boulanger.

Il y a d'abord la pâte à choux, légère et savoureuse, hum, déjà un délice en soi. Il y a ensuite la crème pâtissière, de quoi vendre son âme au diable quand elle est onctueuse. Il y a enfin le glaçage au chocolat. Quand il est fin et moelleux, qu'il ne *plekke* pas au palais, c'est un vrai bonheur ! Moi, les éclairs au chocolat, même si je ne sais pas plus que vous pourquoi ils se nomment ainsi, c'est un péché mignon (comme moi) que je consomme sans modération.

Les gaufres de Bruxelles

Mille milliards de mille sabords, ornithorynques, anacoluthes, nyctalopes, moules à gaufres. Ce n'est pas pour rien que le capitaine ponctue régulièrement ses discours de bienvenue par une référence aux gaufres. On est Belge ou on ne l'est pas, et si ma mémoire ne me fait pas défaut, le cher marin d'eau de mer l'est devenu par empathie tintinophile. Et probablement amour des gaufres, même si l'histoire ne le dit pas. Car si les gaufres ne sont pas exclusivement belges, en Belgique, qu'elles soient de Bruxelles ou de Liège, ce sont les plus succulentes qui soient. Mais quantité d'autres sortes de gaufres sévissent encore dans nos contrées. Pour n'en citer que quelques-unes : les gaufres de Verviers, du Perron, fines de Herve, chaudes flamandes, j'en passe et des meilleures. Les gaufres de Bruxelles sont légères, aérées et croustillantes. On les déguste chaudes, saupoudrées de sucre impalpable, et recouvertes selon le goût de crème Chantilly, de fruits frais ou de chocolat. Après une éreintante promenade en cuistax par vent de face, elles font le bonheur des petits et des grands même si ces premiers ont fait semblant de pédaler.
Jadis, c'était cette gaufre de Bruxelles que l'on trouvait à tous les coins de rue. Que l'on mangeait en déambulant sur les pavés, un rayon de soleil dans l'œil et un sourire aux lèvres. La pluie blanche qui décorait le revers de la veste et le bout des doigts faisait partie du charme.

Le café chaussette

Il y a encore peu d'années, avant que les cafés expresso individuels envahissent nos contrées et nos cuisines, la Belgique croyait qu'elle avait un très bon café. Héritage de notre colonie bien-aimée, certainement. Bourrage de crâne inconscient des torréfacteurs, du centre de Namur à l'entrée de l'autoroute A12 en passant par les hauteurs de Liège, les passagers des voitures sentent souvent, aux heures de pointe, l'odeur si caractéristique du café en train de chauffer. La torréfaction à la belge donne des cafés peu brûlés, plutôt délicats dans les arômes. Si, longtemps, le maragogype allié au robusta a été la signature de nos cafés, le goût d'aujourd'hui, plus italien, utilise d'autres variétés d'arabica. Il n'empêche, quand le café était plus belge qu'aujourd'hui, on trouvait souvent du café chaussette sur le poêle des arrière-cuisines. Dans une cafetière émaillée trempait un filtre en je ne sais quelle matière. Dans ce filtre, quelques grains de chicorée et quelques cuillères de café moulu. Le moulin à café mécanique était un bonheur. On mettait une poignée de graines dans l'espèce d'entonnoir juste sous la manivelle. Puis on tournait en maintenant le moulin fermement entre les cuisses. Gaffe aux pincettes pour ceux qui étaient en courtes culottes. Au bout de quelques, longues, minutes, le petit tiroir du bas était plein. On utilisait une boîte en fer pour conserver le café fraîchement moulu. Avec une dosette, il fallait remplir le filtre. D'abord l'ébouillanter un peu, histoire de le faire gonfler comme il faut. Puis, verser l'eau petit à petit. Quand la bouilloire est vide, le café est fait et la maison sent le café chaud. La cafetière prend alors place sur le côté du poêle ou du fourneau, cela dépend des maisons.

En début de journée, il est encore consommable sans trop de risque cardiaque. Au fil du jour qui passe, et des jattes qui se vident, on remet un peu d'eau par-dessus, et le café continue à tremper, ce qui fait qu'à quatre heures, il a plus ou moins la puissance d'un ouragan de force 3. Deux tasses suffisent à un athlète moyen pour terminer l'Ironman de Hawaii. Vous prenez une demi-tasse pour faire plaisir à nènenne, et là vous sentez la goutte qui transperce votre œsophage, un peu comme de l'acide sulfurique sur une plaque d'acier. Après la première gorgée, votre cœur pulse à environ deux cent cinquante par minute, votre tension vient de passer à 23. Et votre vieille nènenne ne moufte pas, elle vient de s'enfiler sa vingt-deuxième tasse de la journée. À s'n aise. Sacrée nènenne !

Les nic-nac

On connaît ses classiques ou on ne les connaît pas. Les nic-nac, tout le monde les connaît et ce, dès son plus jeune âge. Bien avant que le chocolat n'ait franchi nos lèvres ou que le sur des bonbons n'ait envahi nos papilles. L'inventeur des nic-nac avait-il des visées pédagogiques ou était-il le précurseur du Scrabble ? Pour ce dernier point, il y aurait lieu de compter le nombre d'exemplaires de chaque lettre dans un paquet. S'il y a 15 E et seulement un W, on est dans le bon, mais à mon avis, on en est loin. Et puis, il y a les chiffres. Ça complique drôlement l'histoire. Et il y a encore ceux au sucre rose, jaune, vert, blanc qui jouent dans une autre cour. Ce sont ceux des grands. Pas question d'en filer à un monstre hurlant dans son Maxi-Cosi sous peine de voir le sucre se détacher et s'engouffrer droit dans son larynx. Ça peut faire du vilain. J'ai des souvenirs de la porte de la classe que la maîtresse tardait à ouvrir le 6 décembre et de bancs d'école maternelle recouverts de nic-nac et autres friandises. Un bon conseil, pour l'âne du grand saint, le 5 au soir, n'oubliez jamais une carotte et quelques nic-nac au risque d'être déçu le matin. Pour le patron, chez nous, on prévoit toujours une Vieux Temps mais faites comme vous voulez, en tout cas, pour nous, ça marche.

La fraise de Wépion

Connaissez-vous la ville de Wépion, banlieue tranquille de Namur où, le long des bords de Meuse, s'égrènent les échoppes des vendeurs de fraises ? L'image d'Épinal a, certes, un peu jauni, la Meuse également et les maisons de pierre ont laissé la place à des constructions plus modernes faisant de l'endroit la cité-dortoir de la grosse ville plutôt qu'un pittoresque village wallon. Mais si le paysage d'antan s'est peu à peu transformé, la tradition agricole est cependant restée. Ici, à Wépion, tout tourne autour de la fraise. Dans les écoles, les classes sont peintes en rouge. Dans les commerces, les emballages-cadeaux sont décorés de dessins de fraises, les feux rouges sont de gros fruits mûrs, même le papier à en-tête de l'administration est frappé au sceau de la fraise. Non, j'exagère bien sûr, c'est juste pour que vous compreniez le phénomène. Il est vrai que cette fraise est réputée sur tout le territoire. Et pourquoi la fraise de Wépion est-elle si savoureuse ? C'est une mignonne petite bête rouge vivant en communauté sur les coteaux de la vallée de la Meuse, dans une terre légère et caillouteuse reposant sur un sol calcaire ne retenant pas l'eau. Comme tout habitant de la vallée, elle bénéficie du bain de brouillard journalier lui conférant, d'après les producteurs, son aspect unique et reluisant. Ça, c'est pour l'aspect terroir, quant à l'aspect humain, il y a des tunnels de plants de fraisiers, une plantation et une sélection à la main, des systèmes d'irrigation goutte-à-goutte et des lits de paille au pied des fruits. Comme quoi, ça a l'air plutôt sympa d'être une fraise dans le coin. Sauf que le réveil est matinal, sur le coup de 5 heures. Pour aller rejoindre les sœurettes dans le ravier de 500 g et être acheminée vers les points de vente et le marché à la criée chaque soir de la mi-mai à la fin juillet.
La seule chose que l'on puisse regretter dans cette histoire est que sur une année, il y ait nettement plus de jours de début août à mi-mai. C'est comme ça dans la vie, y a toujours plus de jours sans que de jours avec.

La fraise en ligne

www.lafraisedewepion.be

Les chokotoffs

Vous souvenez-vous de la publicité ? La nana sur son transat qui suce voluptueusement un chokotoff en se laissant envahir par le bonheur. Pour elle, le temps est bloqué. D'ailleurs, quand elle retire ses lunettes au terme de son bonbon, elle a des traces de bronzage terribles sur le visage. Côte d'Or nous a fait passer le message du temps qui s'arrête. Moi, je voudrais vous faire passer la notion inverse. Parce que moi, quand je mange un chokotoff, il m'arrive juste le truc contraire de la nana de la pub. Le temps passe à toute vitesse. En un rien de temps, j'en ai mangé une dizaine et le paquet est vide alors que je viens à peine de l'ouvrir. Pourtant, c'est vrai, j'en conviens, le chokotoff est du genre dur sous la dent. Il provoque un bel afflux de salive qu'il s'agit de diriger judicieusement vers la glotte, surtout si l'on est en groupe car ça la fout mal, les postillons bruns. Le goût est inimitable (de chevet), c'est vrai. Il n'a d'égal que la fermeté de l'histoire. Quand je considère tout cela, je comprends mal comment je peux réussir à les manger à cette vitesse. À mon avis, j'en mange plusieurs à la fois. Je ne saurais dire, je n'ai plus toute ma tête à ces moments-là et de plus je m'entraîne régulièrement, ça aide !!

Le chokotoff en ligne

www.cotedor.be

La tarte au maton

Pour faire une bonne tarte au maton, prévoyez deux ou trois matons en bonne santé et mesurant entre un mètre septante et un mètre nonante, normalement cela ne devrait pas être trop dur à trouver puisqu'ils sortent régulièrement de prison (ils peuvent) pour faire la grève (ça aussi). Trêve de mauvais humour car cela nuit à la digestion, le maton est un truc assez compliqué et que la plupart d'entre vous ignorent, c'est sûr, à moins d'être boulanger ou cordon-bleu et l'un n'exclut pas l'autre. Le maton, c'est la sorte de fromage que l'on trouve au cœur de la pâtisserie. C'est un lait caillé, en fait. En effet, le lait est mis à bouillir en remuant et arrivé à ébullition, on ajoute une petite quantité de vinaigre et du lait battu (1 litre pour 5 de lait frais) pour le faire cailler. Le mélange est laissé à égoutter dans une étamine jusqu'au lendemain. C'est cela qu'on appelle « le maton ».
À ce maton, le lendemain, on ajoute à la fourchette des jaunes d'œufs, du sucre et des amandes pilées. Les blancs sont battus en neige et terminent la composition. Reste à fabriquer les tartes ou tartelettes, selon l'humeur, de pâte brisée ; à les garnir, les cuire et à les manger. L'affaire est assez simple. C'est comme en amour ou dans l'apprentissage de la broderie, il ne faut pas brûler les étapes, c'est tout. Cette « mattetaart » est originaire de Grammont. C'est le dessert traditionnel de la région des Collines.

Région verte aux vaches heureuses qui produisent un lait onctueux, élément indispensable de la préparation. Ici, à Grammont, personne ne fait sa tarte de la même façon. Les matons égouttent dans l'arrière-salle des boulangeries et le reste des parfums, amandes, rhum, pommes au fond de la tarte est à l'appréciation de l'artisan.
Que l'on soit d'un côté ou de l'autre de la frontière linguistique, la tarte au maton réjouit les cœurs flamands aussi bien que wallons.

Le bodding

J'ai une super-bonne nouvelle pour les gens qui ne gardent pas de pain pour les animaux de tous poils, qui ne font pas de pain perdu, de pain de viande, mettez-vous à la fabrication du bodding. Je sais, à Bruxelles, on en vend dans toute boulangerie digne de ce nom, mais imaginez que vous n'habitiez pas la capitale, que vous n'ayez pas de boulangerie digne de ce nom sous la main... Hein ? Vous voilà le bec dans l'eau et pourtant pas question de se passer de son heure de bodding building sinon on perd tout le bénéfice des jours précédents. Matière première : rien que du bon. Du vieux pain. En gros, on peut taper dans le plat tout ce qui reste dans la huche, cramique, vieux bouts de croissants, restants de cake, tout fait farine au moulin. Seul le pain vert et moussu à poils blancs donne un mauvais goût à l'ensemble. Deuxième ingrédient indispensable : du vieux café. Alors, là aussi, ne tombez pas dans l'excès. Il peut dater de la veille mais ne doit pas avoir cuit et recuit au point d'avoir fait sauter la résistance du perco ! Troisièmement, du lait, du sucre, du beurre, des œufs battus, des raisins secs, des morceaux de pommes. Les liquides servent à ramollir l'affaire durant au moins deux heures. Plus la matière première est vieille, plus il faut être patient. Tiens, c'est comme pour autre chose. Passons.
Le reste sert à donner un peu de goût à cette pâte. Un rien de cannelle pour ceux qui aiment et le tour est joué. Dans un moule beurré, au four, et comme ce truc est quasiment inratable, prévoyez quelques amis pour la dégustation. Le sport, c'est bien plus sympa en équipe.

Le Maitrank

Avant de vous parler de l'aspérule odorante (non, ce n'est pas une nouvelle marque de nettoyant ménager), il faut que je vous confie un truc dingue. Me baladant sur le site officiel du maitrank, je viens de parcourir la recette de la choucroute au maitrank. Eh bien, on ne rigole pas avec la boisson locale à Arlon, on la met à toutes les sauces ou plutôt, elle fait partie de toutes les sauces. Celles qui accompagnent la poularde, le lapin, le pigeonneau, j'en passe, mais tout ce qui se mange est censé être accommodé au maitrank, c'est marche ou crève, ici. Ouf, je n'ai pas trouvé la recette des raviolis Buitoni au maitrank...

Qu'est-ce que cette chose ? La boisson de mai, le nom le dit, non ? Il s'agit d'une macération d'une petite plante parfumée poussant au pied des hêtres dans cette belle région. Elle n'intéresse pas les druides spécialisés dans la cueillette du gui qui, lui, se trouve en hauteur. Mais par contre, elle suscite très fort l'intérêt de l'Arlonnais qui comme chacun sait est un bien joyeux drille. Cette aspérule odorante macérée selon une recette ancestrale dans un vin de Moselle, des oranges coupées en rondelles et toute une série d'autres ingrédients plus ou moins secrets, donne après filtration ce sympathique breuvage.

L'origine de ce vin remonte à la fin du premier millénaire, en Allemagne où les moines de l'abbaye de Prüm avaient pris l'habitude de faire macérer l'aspérule dans du vin que l'on buvait au printemps pour guérir des plaies de l'hiver. Bien bonne habitude que je ne saurais que recommander.

Le dernier week-end de mai, à Arlon, c'est la fête du maitrank, ça vaut peut-être la peine de faire un peu de tourisme puisque finalement, ça fait des années que vous en buvez !

La tarte aux pommes

Les tartes sont presque aussi célèbres chez nous que les frites et bien plus variées. Il y a plus de sortes de tartes en Belgique que de types de sauce dans une friterie.

La tarte aux pommes, si elle fait partie du goût des Belges depuis aussi longtemps que nos vergers croulent sous le poids des fruits, que nos vaches donnent du lait, nos poules des œufs et nos champs du blé, n'est pourtant pas l'apanage de notre beau pays.

On mange de la tarte aux pommes presque partout en Europe et en Amérique du Nord. L'Afrique et l'Asie ne font pas tellement dans la chose, c'est bien dommage pour elles. Tout cela pour dire que si notre tarte aux pommes est la meilleure, c'est parce qu'elle est la meilleure selon nos goûts. Ces goûts que nous avons sur la langue depuis la tendre enfance. Savez-vous que la mémoire gustative et encore plus la mémoire olfactive ont une capacité que souvent nous méconnaissons ?

Je sais qu'on pourrait vous amener les yeux bandés dans un endroit de vos premières années que rien ne permette de reconnaître autrement et que l'odeur du lieu, à elle seule, vous permettra de l'identifier. Pour moi, je le sais, cela fonctionnerait dans une cuisine de mon enfance. Je laisse cela au subjonctif car cette cuisine n'est plus que dans mes souvenirs. La pelure des pommes toute cassée car je n'avais que peu l'habitude de manier le petit couteau. La pâte laissée à lever sous un torchon de cuisine dans la pièce de devant, ensoleillée en début d'après-midi. Son odeur quand elle s'affinait sous le rouleau. Ce n'était pas un rouleau en bois mais une bouteille de vin dont l'étiquette avait depuis longtemps pris le large. De la farine étalée sur la nappe en vinyle ainsi que sur le corps de la bouteille. Les quartiers de pomme étaient prêts. J'en avais déjà piqué bien des morceaux avant de piquer les rescapés d'une fourchette concentrée, décrivant une spirale vers le milieu de la tarte. Quelques trous aussi sur la croûte, c'était plus joli. Nous avions une vieille platine noire. Celle qui donnait les plus belles tartes, à la pâte fine et fondante. C'est qu'on ne lésinait pas sur le beurre. En petites mottes sur les pommes. Le sucre fin pleuvait et le four attendait son tour. Chez moi, parfois, on y couvrait les pommes de crème anglaise. Cela leur donnait un croquant différent. Mais non couvertes et finement caramélisées, elles me plaisaient tout autant. Quand je vous parlais de la mémoire, c'est terrible, hein ?

Les tartines russes

« Europalia International accueillera cet automne 2006 le plus grand pays du monde pour un nouveau festival multidisciplinaire dépassant les frontières. À l'occasion de la vingtième édition du festival Europalia, la Belgique honorera son rôle de centre européen de la culture en invitant le public à retrouver de grands classiques ou à faire des découvertes passionnantes. Venez découvrir la richesse de l'âme russe à la rencontre de Pierre le Grand, Malevitch, Vroubel, Boulatov, Borodine, Rachmaninov, Fomenko, Dostoïevski ou Pouchkine… »

Ce que l'accueil du site officiel d'Europalia ne dit pas, c'est que cet automne, comme tous les automnes, dans les familles de Belgique, les tartines russes seront également à l'honneur.

Une tartine russe, c'est un sandwich. Je m'explique : ce sont deux tartines séparées par une bonne couche de crème au beurre. La fabrication des tartines est simplissime genre occupation des enfants un après-midi de vacances de Noël vu que le sapin est déjà fait et que, bien sûr, il ne neige pas.
Pour une bonne tartine, il suffit d'avoir du beurre, de la farine, du sucre cristallisé et un four. Une platine est aussi à prévoir. C'est nettement plus facile pour cuire la pâte avant d'y découper les tartines.
Pour la crème au beurre, c'est une autre histoire qu'il vaut mieux ne pas confier aux petits. Réussir une crème au beurre n'est pas si simple que ça. Il y a des étapes à respecter. Il faut aussi des jaunes d'œufs, du sucre et du beurre pommade (ramolli mécaniquement).

Pour faire de la crème, il faut de la pommade. Ben, moi, je n'ai jamais bien compris la différence entre les deux. Si vous connaissez un dermato, ça m'intéresse de lui demander. Pour le garnissage de la tartine, rappelez les enfants, c'est de leur niveau. Appliquez à la douille une couche épaisse de crème au beurre sur une tartine. Posez au-dessus de la crème une seconde tartine. Et voilà une bonne tartine russe. Oui, vous pouvez la tremper dans ce que vous voulez. Gaffe, si c'est chaud, ça fond.

L'élixir d'Anvers

Voilà un produit qui fait peu de bruit. Parfois, quand je l'évoque face à des jeunettes branchées nourries au prémix, elles ouvrent de grands yeux de biches surprises par les phares du braconnier et osent, en rougissant, une suggestion, croyant que le produit a un rapport quelconque avec les activités nocturnes de la cité portuaire. Sottes jeunettes, l'élixir d'Anvers, c'est un peu notre chartreuse à nous, avec un peu moins de complexité et de mystère. Ce produit créé dans la seconde moitié du XIXe siècle fait partie de cette grande famille des « alcools bons pour la santé ». À cette époque où l'hygiénisme commençait à balbutier, les producteurs de boissons alcoolisées ont bien senti le coup et ont « inventé », à la suite de la chartreuse, une belle palette de breuvages forts en alcool mais contenant un assemblage de plantes et d'herbes dans leur recette de base. Les vins de quinquina comme buvait mon grand-père et les différents cordiaux. L'alcool se faisait moins brutal et « meilleur » pour la santé. La fameuse potion du Docteur John Stith Pemberton, à l'origine du Coca-Cola, serait ainsi, d'après certains auteurs, un vin de noix de cola et de feuilles de coca élaboré à Bordeaux par un Italien, dont un des principaux clients n'aurait été autre que Jules Verne. Ce qui expliquerait mieux comment le grand Jules a pu rêver de faire le tour du monde en 80 jours.

L'élixir d'Anvers évoque la vieille tante, le tic-tac de l'horloge, les meubles bien cirés et la pièce de devant surchauffée pour l'occasion. La liqueur sortait du buffet et l'on versait, souvent à l'homme, un dé à coudre dans des micro-verres à pied ouvragé, où les ors et verts de l'alcool jouaient à saute-mouton. Plus vieux, les consommateurs usaient de l'élixir d'Anvers sur un carré de sucre de Tirlemont pour aider à digérer un repas particulièrement riche en crème et beurre. Pour les cavaliers émérites, l'elixir d'Anvers est un remède réputé contre les coliques chez les chevaux.

Les bonbons Napoléon

Il y en a d'autres, maintenant. Des verts, je pense. En fait, je leur ai à peine jeté un œil. Si je les ai goûtés, j'ai oublié. Je n'en ai plus aucune idée. Pour moi, un bonbon Napoléon, c'est jaune, un point c'est tout. Jaune citron et ça goûte le citron, le citron et encore le citron. C'est rond, ça fait mal au palais et ça énerve énormément. Jusqu'où résister avant de le croquer ? Il y a quelque chose là-dedans qui provoque le réflexe de mastication, c'est sûr. Est-ce l'irritation ressentie quand ce bonbon roule sur la langue, frotte le palais et gonfle les joues sans jamais fondre ? Je ne sais si un bonbon Napoléon fond spontanément. Je n'ai jamais sucé de bonbon Napoléon jusqu'à la moelle. Mais je promets que je ferai le test pour les 200 ans de la Belgique. Au rythme où c'est parti, d'ici 25 ans je ne serai qu'implants et bridges, donc pour ce qui sera de croquer, j'oublierai et me contenterai de sucer. Si d'ici là quelqu'un connaît le temps de fonte complète de la chose, qu'il me prévienne. Au bout d'un moment, le mangeur de bonbons Napoléon perd tout sens commun et mord d'un grand coup dans la boule. Boule dure et qui ne s'est pas du tout ramollie par son affinage en milieu salivaire. Les plus gros morceaux subissent alors un broyage intensif stimulé par l'acidité qui se répand dans la bouche. Plus on croque, plus le sucre se colle aux dents et plus on croque, plus le sur titille la langue. C'est ça qu'on appelle un acidulé.

Le cha-cha

Avant toute chose, bonjour, mais permettez juste un instant, je me renseigne sur la date de naissance de cette friandise. Ben zut, c'est pas écrit sur l'emballage. Bon, j'en prends un second, j'aurai peut-être plus de chance. Ben zut et misère de misère, toujours pas d'info. Ça me fait vaguement penser au gosse allemand dans « Charlie et la chocolaterie », vous voyez, celui qui engouffre tablette après tablette afin de trouver le ticket d'or. Enfin, je dis ça pour ceux qui connaissent leurs classiques. Parlons-en justement, de classique, le cha-cha en est un bel exemple. Point n'est nécessaire de chercher sa date de naissance. Le cha-cha est intemporel, le cha-cha est éternel, le cha-cha est plus vieux que vous, plus vieux que moi, plus vieux que les papas cha-cha. Point non plus la peine d'en chercher outre nos frontières. Le cha-cha est belge. La seule façon d'en croquer partout dans le vaste monde est d'en fourrer ses poches, ses valises et surtout de résister à la furieuse envie de s'en enfiler un après l'autre dans le style d'Augustus.

Le Parasol Orange

Ou Chaudfontaine Orange, ou Spa Orange, ou Val Orange, ou… j'en oublie sûrement, des marques nationales à l'orange. De l'orangeade. Avec des bulles qui piquent un peu, avec une belle couleur orange digne du plus beau des tee-shirts de supporter néerlandais. Avec un peu de sucre, aussi. Pour moi, dans la grande boîte à souvenir de mon goût de Belge, l'orangeade, c'est surtout une odeur. Celle des caves de la brasserie où le plus jeune fils de la maison et moi jouions à « travailler », à ranger des montagnes de casiers de vidanges, à les transbahuter d'un point à l'autre des couloirs interminables de ce bâtiment dans lequel rugissait la rivière. Enfin, rugissait, c'est un très grand mot, je devrais dire dans lequel ronflait la rivière. Et même rivière, je vous vois bien, imaginant une rivière impétueuse et furibarde ; non, cette rivière est du genre tranquille, il faut vraiment un gros hiver pour qu'elle quitte la somnolence de son lit. Pour en revenir aux casiers, aux bacs de Parasol Orange, ils étaient, je crois, bleus, du même bleu que les filets des pêcheurs des Baléares. Empilés, ils faisaient devenir bleue la lumière parcimonieuse que diffusaient quelques ampoules jaunes. Le fils de la Brasserie excellait au maniement du diable, cet engin démoniaque (c'est pour cela qu'on le nomme comme ça, je suis sûr) qui se fait rétif à toute autre chose qu'une violence aveugle prodiguée par les bras et les pieds. N'essayez jamais de donner un coup de genou à un diable, il se retourne immédiatement contre vous et vous le regretterez longtemps.

Nous partions donc de l'entrée de la cave, en commençant par une marche, pour nous enfoncer en courant dans les entrailles de la maison. Sans doute aujourd'hui me semblerait-elle nettement plus petite, mais en ce temps-là, c'était, pour moi, aussi vaste que les Champs-Élysées. L'odeur de poussière humide, les remugles vaseux du cours d'eau voûté, la chaux des mûrs qui se décolle par plaques, la limonade qui sèche au fond des bouteilles sont des odeurs qui sont définitivement associées à l'orangeade.

L'Eau de Villée

La Villée est un petit ruisseau qui coule, c'est le principe de la chose en général, notamment dans le village de Biercée. Pour ceux qui ne connaissent pas vraiment, c'est à un jet de noyau de cerise du beffroi de Thuin. L'histoire de ce produit commence il y a bien longtemps, quand un Normand en visite dans sa famille au village conseille de ne pas gâcher les pommes tombées au pied des arbres et d'en faire de l'eau-de-vie. Un certain Monsieur Clempoel et un autre connu sous le nom de Père Jules vont transformer un lance-torpilles allemand échappé de la récente guerre en alambic. Comme quoi, quand c'est bien compris, un bon ustensile de guerre peut devenir quelque chose d'intéressant. La distillerie artisanale de Biercée ne le sait pas encore mais elle vient de naître. Après quelques péripéties, en 1981, Monsieur et Madame Pire, responsables de la distillerie à cette époque, mettent au monde l'Eau de Villée. Au début, c'est un succès d'estime, limité à la zone du pays de Charleroi. C'est un alcool élaboré à partir de citron et de quatre autres fruits. Il me revient que lorsque j'étais gamin (dans ces années-là, je l'étais encore un peu), on proposait l'Eau de Villée dans les restaurants avec un zeste de citron jaune et une feuille de menthe sur quelques glaçons. Oublier la feuille de menthe était totalement criminogène, voire engueulogène dans la majorité des cas. Aujourd'hui, l'Eau de Villée est devenue tout doucement mais sûrement un succès de foule. On ne la sert plus comme au temps des pionniers, la distillerie n'est plus sur son lieu d'origine, plus exactement non plus à Biercée, et le nouveau propriétaire en a fait une belle machine commerciale qui tourne plutôt pas mal.

Le massepain

Il ne faut pas confondre massepain et pâte d'amandes. L'un est réservé aux scouts avant les fêtes de fin d'année, l'autre est franchouillard. Il semblerait pourtant qu'il s'agisse de la même chose à une ou deux amandes près. Oui, mais qu'est-ce que du massepain ? L'histoire du nom est étonnante. Il faut remonter au mot arabe « mautaban » qui veut dire : personne qui s'assoit d'une manière majestueuse. Ce nom est aussi une pièce de monnaie byzantine qui était utilisée au temps des croisades dans la région du Levant. Sur l'une de ses faces était représenté le Christ assis. Aux environs de 1193, les Vénitiens ont commencé à utiliser des pièces de monnaie similaires appelées « matapan ». Par la suite, ce mot s'est appliqué à une taxe de 10%. Au XIIIe siècle, c'est devenu le nom d'une petite boîte : « moggio », connue à Venise sous le nom de massepain. Au XIVe siècle, c'est devenu le contenu d'une boîte : une confiserie à base de sucre, d'amandes et d'extrait de rose. Depuis, le massepain s'est étendu à travers l'Europe de l'Ouest. En France du Sud-Ouest, en Périgord, le massepain est une pâtisserie qui ressemble à un Savoie, mais en Quercy, juste à côté, c'est déjà autre chose. Aux Pays-Bas, c'est l'instrument de jet favori de saint Nicolas. Et chez nous ? Ben, chez nous, c'est presque de la pâte d'amandes, mais en mieux. Le massepain à notre mode se mange petit à petit, se grignote sans cesse, l'air de rien, c'est un des carburants préférés du mouvement perpétuel, on y vient et revient sans cesse. Le massepain se vend en pain de 250, 500 g, en forme de bestiole ridicule ou de mignon cochon rose, par des enfants habillés de culottes courtes. Il se mange froid, en faisant des petites tranches, des cubes ou des boulettes. C'est une gourmandise d'hiver qui accompagne les clémentines et le spéculoos, lorsque chaque soir on prépare une carotte et une bière pour saint Nicolas et son pote noir. Il existe des variantes du massepain où l'on ajoute des pistaches, ou des noix ou n'importe quel truc sec. Mais le vrai, le seul, l'unique massepain est beige, à base d'amandes. Il existe aussi des façons de le manger, grillé ou même, mais c'est pour les pervers seulement, chaud, grillé au four. C'est le genre de truc qui prend au moins cinq ans avant d'être digéré.

Le craquelin

Sale blague, le craquelin est un membre à part entière de la famille des échaudés. Cela ne vous dit rien, mais pour votre culture, sachez donc qu'il ne s'agit pas vraiment d'un pain et qu'il est plus proche du bretzel et de la couille de Suisse que du pain avec des gros morceaux de sucre que nous connaissons. L'origine du nom viendrait des Pays-Bas, un Craquelink est ou était un petit biscuit sec et craquant. Le craquelin se trouve en Bretagne, c'est même une des spécialités de Saint-Malo. Mais rien à voir avec notre bon gros pain du dimanche.

C'est incroyable, mais ces Français, si on n'y prenait pas garde, réinventeraient tout notre patrimoine rien qu'à nous en deux coups de cuillère à pot. Le craquelin, à la belge, est un pain blanc doux, contenant des gros morceaux de sucre encore un peu résistant sous la dent. Rien de tel pour se sentir revivre qu'une bonne tranche de cette chose, pleine de beurre salé, bien entendu, trempée dans un bon chocolat chaud par une rude matinée d'hiver quand il pleut depuis trois jours non-stop. D'aucuns prétendent qu'il est possible de griller le craquelin. Après de nombreuses expériences douloureuses, surtout pour le grille-pain, nous sommes arrivé à la même conclusion : oui, c'est possible, mais le toastage enlève une bonne part du moelleux de la chose et rend le sucre encore plus coulant, ce qui déséquilibre totalement la préparation. Nous avons aussi expérimenté, au risque de notre santé, car en matière de gastronomie, il n'existe que l'expérimentation sur soi, à la manière des plus grands ; de Pierre et Marie Curry (les découvreurs du poulet) à Ernest Solvay (l'inventeur du sel) en passant par le commandant Cousteau (l'inventeur du bonnet à poils). Nous avons aussi expérimenté le toast de craquelin avec de la confiture de fraises, et pire encore le craquelin au beurre de cacahuète. Et ça, croyez-moi, même si c'est une tentative de retour aux origines supposées du craquelin, c'est proche de l'innommable, voire du beurk absolu.

Le spéculoos

Je vous mets au défi de trouver un Belge qui n'a jamais mangé de spéculoos de sa vie. Oui, O.K., s'il a quelques jours de vie ou s'il a été abandonné dans la forêt et élevé par une meute de loups. Hormis ces deux cas extrêmes, je ne vois pas comment un Belge digne de ce nom pourrait ignorer le goût du spéculoos et même ne pas y être accro... Enfin, là, je parle pour moi, mais c'est pareil pour vous, non ?
Normalement, les choses se déroulent comme suit. Durant sa première année de vie, le nourrisson va vivre au moins une fête de Saint-Nicolas (c'est fatal) au cours de laquelle son papy et sa mamy ne vont pas pouvoir s'empêcher de lui offrir le dernier Fisher-Price ainsi que le grand saint et père Fouettard en spéculoos. Et c'est le début de la fin. Il mâchonnera, avec émerveillement et bave brune sur le bavoir, son premier morceau de spéculoos. À la force des gencives ou des quenottes, en fonction de l'avancement du chantier dans sa bouche, il se délectera et ne tardera pas à s'enfiler tout le saint Nicolas. Voilà comment prend la sauce.
La Noël viendra remettre une couche et peu à peu, de petits en grands spéculoos, qu'il trempera dans sa grenadine puis dans son coca puis dans son café (pour les dames) ou dans sa bière (pour les supporters des diables rouges), le spéculoos accompagnera le Belge tout au long de sa vie.

Ce dont je viens de vous entretenir, ce sont les spéculoos miniatures (les pockets à mettre plein les poches), mais il existe aussi le spéculoos de grande taille, format table pour huit ou presque, à peu de chose près. Celui que l'on met en forme dans des moules de bois représentant des personnages religieux et réalisés sur commande par des ébénistes dédiés. Spécialiste de la chose ainsi que d'autres biscuits traditionnels belges comme les pains à la grecque ou les sablés, la maison Dandoy à Bruxelles est La Mecque du spéculoos. À croquer en alternance avec les spéculoos Lotus pour ne rien perdre des goûts de notre enfance de Belge qui se respecte.

Le cent wafer

Le cent wafer de Lu est l'ami des grands comme des petits, celui des cartables comme des sacs Gucci ou des attachés-cases.
Le paquet est jaune et existe en version pocket (celle que j'évoquais dans la phrase précédente) ou en grand modèle. Dans cette version de poche, il y a dix gaufrettes au chocolat qui collent un peu les unes aux autres. Ainsi, pour les deux, trois premières bouchées en général, on chope deux biscuits à la fois. Selon qu'on est gourmand et affamé ou pas, on les détache avant de les croquer. Le cent wafer ne salit pas les tee-shirts des gosses, ni leurs doigts, un rien leur bouche pour faire bonne mesure. Mangés dans un fauteuil, il faut reconnaître qu'ils développent une belle envolée de miettes, mais bon, cela n'est pas trop grave.
Dernièrement est apparue la version à la vanille de Madagascar et, personnellement, cette histoire m'a pas mal déçu. Pourquoi cette mode de préciser toujours l'origine des choses, si encore le consommateur avait la notion préalable qu'à Madagascar, la vanille était meilleure qu'ailleurs, et à ce propos, je me demande s'ils voient les choses sous le même angle chez Tahiti.
Autre chose, le goût du cent wafer à la vanille n'arrive vraiment pas à la cheville de celui au chocolat et ne fait pas partie du goût des Belges, un point c'est tout.
Ce n'est pas pour rien qu'à l'extérieur de nos frontières, il est impossible d'en trouver !
Le cent wafer de Lu est original, c'est marqué sur le paquet ! Ben oui, il fait tellement partie de nos goûts que de GB à Delhaize en passant par Colruyt, les copies se sont multipliées. Preuve irréfutable qu'il a sa place dans ce livre admirable.

La tarte au sucre

Il y a tarte au sucre et tarte au sucre, et mon propos n'est pas de créer la discorde entre les communes qui en revendiquent la paternité. Que les choses soient claires, la tarte au sucre de Charleroi n'est pas meilleure que celle de Chaumont-Gistoux pas plus que celle de tout autre village belge et vice versa ! Tout le monde est d'accord ?
La tarte au sucre de Charleroi est préparée avec du sucre blanc fin et non de la cassonade. À l'époque, le sucre blanc était ce qu'il y avait de plus chic, et pour cause puisqu'il était raffiné. C'était bien avant qu'on se paie un retour à la vraie nature des choses et qu'on se gargarise d'aliments complets meilleurs pour la santé...
Le Brabant wallon possède aussi sa tarte au sucre traditionnelle. Tarte au sucre brun, à la cassonade. Préparée et dégustée dans les règles de l'art de Chaumont-Gistoux à Wavre en passant par Waterloo, et la Confrérie des Maîtres Paveûs Scribeux et Mougneux de Tarte au Sucre met un point d'honneur à en faire découvrir le goût merveilleux à qui veut en goûter.

Il y a donc tarte au sucre et tarte au sucre. Au sucre de canne également. Mais cela nous éloigne un peu plus de nos betteraves nationales. Quoi qu'il en soit de son origine, je veux bien faire partie de n'importe quelle confrérie d'amoureux de tarte au sucre parce que, mazette, qu'est-ce que c'est bon !

Mazette, qu'est-ce que c'est bon !

• Pour réaliser la garniture de la tarte au sucre de Charleroi, on bat un ***œuf*** *avec deux cuillères à soupe de* ***sucre blanc*** *et un peu de* ***cannelle*** *• Le tout est étalé sur la pâte qu'on saupoudre encore de sucre blanc • On laisse lever la tarte recouverte de sucre une demi-heure avant de l'enfourner, histoire que la pâte s'imprègne bien du mélange sucré • Quand la tarte est cuite, le sucre est caramélisé et on y saupoudre de nouveau un peu de gros sucre blanc, petits îlots clairs fondant dans le caramel plus foncé. Un délice !*

Les couques suisses

Les couques suisses sont des agglomérats de pâte parsemée, parfois, de raisins noirs. Une sauce au beurre et du sucre brun complètent le goût de cette friandise qu'il faut appeler réellement « couilles de Suisse » [couilles ; du bas latin : coha ; latin : coleus ; grec : Koleos]. Les attributs des citoyens de la libre Helvétie n'ont rien à voir dans cette dénomination. Il s'agit plutôt de ceux des gardes suisses du Vatican, dont les culottes de peau collantes mettent en relief leur vigoureuse virilité. Et nos friandises ont vraiment la forme de ce qu'elles représentent, c'est comme ça, moi je n'y suis pour rien, hein ! Quoi qu'il en soit de l'origine du nom, il faut se dire qu'après quelques boules de cette chose, on a vraiment moins faim. Je ne résiste pas à l'envie de vous donner une recette de la chose. S'il fait moins vingt-cinq dehors, c'est un bonheur total.

– 1 kg de farine
– 4 œufs
– beurre
– 75 g de levure de boulanger
– sucre, cassonade et beurre salé à volonté pour la garniture

*• Mettre la **levure** dans un peu d'eau sucrée • Faire fondre le **beurre** • Mélanger la **farine** avec les **œufs** entiers • Ajouter la levure délayée puis le beurre et travailler du bout des doigts pour obtenir une pâte genre pâte à pain • Laisser lever • Faire bouillir de l'eau et au moment de l'ébullition, prendre des cuillerées de pâte et laisser gonfler dans l'eau • Retourner les pâtons pour bien cuire des deux côtés • Lorsque la couque suisse est bien gonflée et cuite, la sortir de l'eau et bien égoutter • Servir avec du beurre fondu et de la **cassonade** brune • Quand toutes les couques sont cuites, et s'il en reste, les couper en carré le lendemain et réchauffer dans une poêle avec du beurre • Lorsque ces carrés sont bien dorés, servir avec du **sucre** • Ça tient plutôt bien au corps, je vous aurai prévenus, ne venez pas vous plaindre.*

Le sandwich mou

Le dimanche soir est LE moment du sandwich mou. À dix-huit heures trente, juste avant le Week-end sportif, surtout en hiver, lorsqu'il fait déjà noir, la famille se retrouve autour de la table à manger.
Le salami prétranché dans la barquette plastique, l'américain de chez Delhaize, le beurre frigotartinable, du fromage de Hollande jeune prétranché aussi dans sa plaquette d'origine, deux tranches de jambon cuit. Parfois, on trouve aussi du pâté de Beauvoorde ou des Nutons, c'est selon, et des cornichons. Un peu de confiture Materne et hop ! le tour est joué. On boira du café, une bière pour les plus grands et un verre de grenadine pour les plus jeunes, voire pour les plus téméraires de la triple Piedbœuf. Il faudra ensuite débarrasser la table, préparer les cartables et les boîtes à tartines. Mais les sandwiches mous ne seront de retour que le dimanche suivant. Il existe une autre variété de sandwich mou, celle que l'on mange aux réceptions, pour accompagner du rouge qui troue ou du mousseux qui fait mal par où il passe. Le sandwich mou est, par exemple, le compagnon favori des enterrements. Probablement parce que c'est là que l'on trouve la plus grande densité de population à difficultés de mastication. Mais quelle que soit la circonstance, il est toujours couvert de fromage de Hollande, d'américain, de jambon avec une rosace de mayonnaise ou de pâté. Depuis quelques années, la salade de surimi fait une belle percée. On trouve aussi de merveilleux sandwiches mous, par exemple ceux aux crevettes grises ou au foie gras de certains traiteurs. Mais c'est maltraiter le concept, le sandwich mou doit finir par former une boule plus ou moins compacte au niveau de l'œsophage et laisser un petit goût de rance en fin de bouche, sinon ce n'est pas drôle. Un truc important, la lumière des néons est fondamentale pour bien les apprécier, les trucs de bobo rendent le sandwich mou inabordable. Et c'est bien triste.

La cassonade

La cassonade est un sucre granuleux aux reflets dorés inventé par la famille Graeffe. Le mot cassonade vient de l'ancien vocable casson (XVIe siècle) utilisé pour désigner du sucre brut ou granuleux. En 1929, l'entreprise familiale belge devient une société anonyme. En 1953, elle est rachetée par la Raffinerie Tirlemontoise. Consciente de la valeur sentimentale de la cassonade pour le consommateur, la Raffinerie décide de ne pas modifier le nom.

La cassonade Graeffe produite par les sucreries de Tirlemont est obtenue par la cristallisation d'un mélange de divers sirops. D'autres sucreries ont maintenant repris son nom et on peut trouver des cassonades qui n'ont plus rien à voir avec ses origines belges : parfois un sucre de canne qui n'a été raffiné qu'une fois, ou alors un sucre blanc auquel on ajoute de la mélasse et parfois une saveur et une couleur artificielles.

Chut, une minute, je cherche. Mais je ne trouve pas. Comme toujours, pourtant, il y a un nom en français pour un truc qui ressemble à de la cassonade. Je ne sais plus, c'est ridicule en plus comme nom, c'est pour ça que j'ai dû oublier. Et puis ça n'a pas d'importance que les Français ne sachent pas ce qu'est la cassonade, ce qui compte, c'est que nous l'aimions, cette chose. La blonde ou la brune ? C'est presque comme pour la bière. La blonde pour le pain perdu et la brune pour les crêpes. Quoique personnellement je préfère vraiment la blonde dans les crêpes parce qu'elle est plus soyeuse. Et que la brune fond nettement mieux sur le pain perdu. Faites comme bon vous semble. Dernier petit conseil de consommation, la cassonade blonde sur une tartine de beurre salé, la recette est simple : prenez une tartine de pain bien blanc, tartinez généreusement de beurre, sur environ 3 mm d'épaisseur, ensuite faites une couche bien damée de cassonade blonde sur plus ou moins 25 mm d'épaisseur. Mais c'est un minimum, avec un rien d'expérience, on est capable de passer les 35 mm. Vous pouvez aussi, entre le beurre et la cassonade, étaler un peu de fromage blanc. Si vous patientez quelques minutes, l'humidité du fromage blanc va se répandre au travers du sucre et transformer une partie de celui-ci en sirop. Grandiose.

Le Cécémel

Je viens de remarquer que les produits que nous affectionnions durant l'enfance sont jaunes ou rouges. Oui, pas tous. Y a la vache Milka qui vient battre de la queue, mais on fait comme si elle n'était pas là. Mais, allez, c'est dingue, non ? Ça nous fait le drapeau belge si on ajoute les ours et les souris noirs (ceux qu'on mange en dernier et qui donc restent le plus longtemps dans le paquet). Pour les rouges, allons-y : les mignonnettes, le chocolat aux noisettes, l'emballage des spéculoos LU, les fraises, la grenadine, la confiture aux fraises Materne.
Pour les jaunes, j'ai nommé : le Kwatta, les bonbons Napoléon, Maya l'abeille, le Marsupilami et bien sûr le Cécémel. Trêve de démonstration foireuse, le Cécémel est le « seul vrai », c'est écrit sur la bouteille. La bouteille est venue bien avant le Tetra Pak et les berlingots. Elle existe toujours, bien sûr, et elle est bien plus sympa à secouer que les trucs en PET où on ne peut pas voir se mélanger le lait et le chocolat. Ce qui m'a toujours fasciné, c'est le sucre de raisin. C'est un truc qui me laissait penser que c'était bon pour la santé comme le jus de raisin qu'on achetait chez le pharmacien pour les malades.
Il y a maintenant du Cécémel light et ça me déçoit vraiment. Pour moi, le Cécémel, c'est à jamais la boisson des sportifs, la bouteille où on voit un mec en skateboard qui s'éclate. Alors le light, comment voulez-vous avoir du peps avec ça ? Tout au plus jusqu'à l'arrêt de bus ! Et encore !

Le café liégeois

Il y a aussi, dans le même registre, le chocolat liégeois, mais bon, point trop n'en faut, il est question de décider. Entre café et chocolat, mon cœur balance. Va pour le café. La recette varie selon les sources, mais il est toujours question de glace et de café. C'est pour cette raison, il me semble, qu'on parle de café liégeois. Pour bien faire un café liégeois, il faut prendre un verre à mazagran ou un verre tumbler et y mettre une ou deux boules de glace au café, verser une belle giclée de caramel et terminer par une tasse d'expresso bien chaud. Apothéoser par une ou deux belles cuillères de crème fraîche battue mais pas tout à fait en chantilly. Servir avec un chalumeau à large embouchure. Un chalumeau ? Ben oui, une paille en langage courant. Ça, c'est la base de la réussite. Mais à partir de là, cela peut, selon la médiocrité des serveurs, devenir tout autre chose. De la chantilly en bombe (ce qui est le moindre mal) au mauvais café en passant par la glace qui a un goût de vieux congélo, les biscuits rances et le café moulu par-dessus pour faire joli. L'idéal, le meilleur café liégeois, est proposé par un restaurant bruxellois, le Mess, boulevard Louis Schmidt.
Ils travaillent la glace pour la rendre moelleuse, crémeuse, c'est l'idée originelle de la crème glacée.
Ils versent généreusement le café par-dessus.
À l'arrivée, c'est presque comme un milk-shake tiède, en un peu plus épais, avec un goût de vrai lait.
Pas question de confondre avec une abomination en poudre spécialement conçue pour les néfastes food, hein, moi je vous parle d'amour et de calories, de vrai, de lourd et de moelleux. De café liégeois, en somme.

La maquée

Je vous arrête, cela n'a rien à voir avoir avec les vagues d'immigration italienne des années 50. On disait déjà maquée par chez nous bien avant. Pour faire sa maquée soi-même, il vaut mieux avoir une ferme à portée de *canlette*. Des étamines et un peu de présure. Qu'elle soit de veau ou d'artichaut, peu me chaut. Ce qui compte, c'est que le lait soit frais. À la rigueur, le lait bactofugé est utilisable, mais pas les laits industriels en pack. Ils sont trop travaillés et ne caillent pas. Il y a à peine quelques années, lorsque j'étais fort petit, ma mère s'était piquée de faire la maquée elle-même. En bonne fille des villes arrivant à la campagne, elle voulait presque vivre en autarcie. Coup de chance, nous avons échappé aux vaches dans le jardin, mais c'est à peu près tout ce qui nous a été épargné. Nous étions donc, mon frère et moi, régulièrement de corvée lait. Il fallait donc traverser la rue, la canlette à la main, pénétrer dans l'étable, marcher entre les deux rangs de monstres poilus, péteurs et chieurs à qui mieux mieux, pour trouver Madame Huart. Elle nous souriait toujours, quittait son tabouret, sur lequel elle se posait pour terminer le pis mafflu des vaches. Elle marchait quelques mètres, ses bottes en caoutchouc ne glissaient pas sur les trucs gras qui collaient au béton du milieu. Elle prenait une grande cruche en métal et versait de quoi remplir notre pot. Et hop ! retour à la maison, la cargaison précieuse qui bougeait dans tous les sens. Saleté de lait qui était quand même fort liquide. La sortie de l'étable s'accompagnait, surtout en hiver, d'un grand coup de froid, un peu comme une gifle pour nous réveiller. À la maison, le lait était bouilli. Arghhhhh, cette peau à la surface, quelle horreur. Et puis, une partie était mélangée pour faire la maquée et le reste nous était réservé. C'est bizarre, c'est seulement aujourd'hui que je réalise que ce truc était plutôt bon. Sur le moment, c'était surtout une corvée idiote et pas drôle quand il faisait moche dehors.

J'ai découvert quelques années plus tard, bien après que notre mère eut abandonné ses délires alimentaires locaux, qu'on élaborait, dans le village, une maquée de chèvre. Mes parents la servaient au restaurant, accompagnée de miel liquide. Un peu à la catalane. Qu'est-ce que j'ai pu me gaver de ce truc ! C'était incroyable d'équilibre. Tout l'art de la préparation consistait à écraser consciencieusement le fromage tout en le mélangeant avec suffisamment de miel pour en faire un sirop épais. Que du bonheur, je vous dis !

La cougnolle

Le cougnou ou la cougnolle tient une place importante dans nos cœurs. Avec le saint Nicolas en spéculoos, le massepain, les mandarines, les nic-nac au sucre glacé, les cougnolles (je parlerai plus volontiers de ces dernières, car mon enfance s'est déroulée au pays des cougnolles et non des cougnous), ces drôles d'enfant Jésus à deux têtes, sont les seules friandises qu'ont connues nos parents et grands-parents. Nous, génération des années 60, avons eu la chance de fréquenter les bonbons de toutes les couleurs, de tous les goûts, de toutes les formes, mais néanmoins, les cougnolles sont une part de bonheur que jamais nous n'oublierons.

Il me semble (ai-je déjà l'âge de regretter le passé et de radoter ?) qu'à cette époque, il neigeait tous les hivers et qu'à chaque Noël, un bonhomme montait la garde au fond du jardin dans la lumière bleuâtre des flocons qui virevoltaient. Les premières cougnolles arrivaient quelques jours avant les vacances. Sûrement le dernier jour de classe. Il devait y avoir quelque chose entre la maîtresse et le boulanger pour que les choses soient si bien coordonnées. On en mangeait de grosses tranches au beurre frais et à la confiture de fraises. De quoi se barbouiller les joues avant de se les rougir un peu plus dans le vent. Le nombril en plâtre du petit Jésus me fascinait particulièrement. Oh, pas une histoire sexuelle mais une affaire de gourmandise, tout simplement.
Qui m'a valu de me retrouver au coin sous les cris d'une mère oscillant entre le plaisir d'aller le raconter à ses copines et l'inquiétude d'une éventuelle perforation gastrique. Eh bien, rassurez-vous, le plâtre n'est pas toxique. Du moins, à cette dose.
Il existe des cougnolles de toutes les tailles. Actuellement, on trouve de plus en plus le mini-petit Jésus individuel, au sucre, au raisin ou au chocolat. On s'éloigne un peu des classiques, mais c'est aussi cela, une culture qui évolue.

Les crêpes

Certes, les crêpes ne sont pas spécifiquement belges. Chez nos voisins, qu'ils soient du nord, de l'ouest ou de l'est, on en mange aussi. Mais, chez nous, les crêpes ont un statut tout à fait particulier. Tout d'abord, et nonobstant leurs qualités éventuelles, elles remplacent pendant une journée la grenouille de Monsieur Météo. En effet, à la Chandeleur, l'hiver se meurt ou reprend vigueur. De plus, si l'on a le bonheur de tenir une pièce d'or en main pour les faire sauter ce jour-là, on aura une belle année. Mais il faut les faire sauter. Et là, une fois de plus, nous Belges sommes les plus braves ; il n'y a qu'à lire les aventures de Gaston, lui il les colle au plafond. Fantasme de tous les étudiants en hôtellerie du royaume. La crêpe, chez nous, n'a pas la noblesse de la crêpe bretonne faite à la farine de sarrasin, ou l'amplitude de la crêpe normande aux pommes flambées, ni même le volume de la crêpe soufflée. Tout au plus elle se fait canaille pleine de cassonade, enfantine à la confiture, surtout sur les joues quand on va jouer sur les moulins de chez Moeder Siska ou d'ailleurs le long des étés pluvieux de la côte. La crêpe aussi peut se faire énorme quand elle devient un pain. Même nos plus grands chefs en font. La recette est simple. Vous faites vos crêpes classiquement, plutôt fines si c'est dans vos possibilités, mais en les empilant, entre chaque pièce, vous saupoudrez généreusement de cassonade brune et d'un peu de beurre. Au fur et à mesure de vos cuissons, la chaleur fait fondre le beurre et le sucre qui forment comme un sirop. Quand vous aurez terminé votre pâte, il n'y aura plus qu'à découper le pain en parts, à la manière d'une tarte. D'accord, c'est un peu puissant, voire massif, mais personne n'a encore trouvé mieux quand la pluie est traversière, qu'elle bat de grains en grains quelques vieux chevaux...

Les galettes

C'est l'histoire d'une arrière-grand-mère et du jour de l'an. De l'odeur de pâte au beurre au frais qui emplissait sa maison la semaine précédant la nouvelle année. Elle ne ménageait pas sa peine et il lui en fallait, des livres de beurre, pour mener à bien son ouvrage. Certes, elle n'était plus aussi gracieuse qu'avant, mais ses mains faisaient toujours preuve de la même adresse quand il fallait retourner le fer sur le fourneau.

Elle les faisait toutes fines, ses galettes. Comme du papier. Et elle les stockait avec délicatesse dans de grandes boîtes en fer-blanc avec les images de la dynastie, enfermées dans le buffet de la salle à manger. Pour le grand jour, elle était prête dès l'aurore. Elle troquait son tablier à carreaux contre un beau chemisier à fleurs orné de son plus beau camée. Un peigne d'écaille retenait son chignon serré sur la nuque. Le défilé pouvait commencer. Les enfants, les petits-enfants et les arrière-petits-enfants. Tout le monde viendrait lui souhaiter son bon an.
Et elle, légère comme l'air et volubile comme un soir électoral, sortirait boîte après boîte du buffet en chêne. Elles étaient toujours pareilles, ses galettes, toujours succulentes. Au début de la journée, ce serait le café, fort et sucré comme on le boit chez nous. À la fin une petite goutte dans un verre grand comme un dé à coudre. On repartait avec notre dringuelle en souriant souvent de ce que le cadeau moderne, un ustensile de cuisine électrique dans la plupart des cas, ne lui avait plu qu'à moitié. Pour ses galettes, pour son énergie et pour ce jour de l'an que nous terminions exténués, où qu'elle soit : encore merci.

Le baiser de Malmedy

Quel beau nom que celui-là. Je ne peux pas résister à l'envie de vous en confier directement la recette. Se rendre à Malmedy, par un jour de soleil, visiter un peu la région, notamment se balader du côté du barrage de Robertville, c'est toujours impressionnant. Parvenir au centre de la ville. Éteindre le moteur. Descendre de voiture. Faire le tour du véhicule. Ouvrir la portière passager. Se pencher vers sa bouche et l'embrasser langoureusement. La même recette existe en période de carnaval si ce n'est qu'il fait un rien plus froid, qu'il n'est pas possible de se garer sur la grand-place et que bien souvent les lèvres sont gercées pour le mardi gras.
Les baisers de Malmedy existent depuis longtemps et bien avant qu'on ne les appelle comme ça (forcément ! je ne vois pas pourquoi les Malmédiens se seraient contentés d'une poignée de main). Au début du siècle, on parlait des *blankès mèringues* (meringues blanches, ici on ne craint pas le pléonasme). Il semble que ce soit la qualité de la chose et plus particulièrement de la crème fraîche locale qui ait largement contribué à la nouvelle appellation de baiser.

Pour faire **un baiser** à Malmedy

• *Cuisez deux petites* ***meringues*** *de la taille d'une cuillère à café* • *Laissez sécher, garnissez-les de* ***crème fraîche*** *et ouvrez la bouche.*

Le cuberdon

Cuberdon ou cuperdon, dit aussi chapeau de curé ; le nom viendrait du flamand « kupe ». S'il est bien un produit typiquement national, c'est celui-là, même s'il change de nom au nord du pays où il se nomme « neuzjes » et est annoncé comme une spécialité brugeoise. Croquez-lui la tête, bouffez-lui la pointe, il adore ça, le cuberdon ! Une fois franchi le croquant de la croûte de sucre, l'intérieur est une gelée souple, fruitée, avec un rien d'acidité. Elle se déguste petit à petit, avec de légers mouvements de langue, jusqu'au talon de la bête qu'on happe d'un ultime coup de dent. Avant de recommencer, encore et encore. Savez-vous que si, outre-Quiévrain, vous demandez à un autochtone où se trouve le dépôt de cuberdons le plus proche, il vous regardera comme un étrange étranger ? Pourquoi, comment le cuberdon n'est-il jamais arrivé à franchir les frontières de notre pays ? C'est un mystère total. D'autant que c'est vraiment bon, ce truc. Cette pâte de fruits, cette croûte colorée est un vrai miracle de la confiserie. Si le cuberdon n'existait pas, il est évident que Magritte n'aurait jamais peint « Ceci n'est pas un cuberdon ». Sans cuberdon, point de fusée dans « On a marché sur la Lune ». Les plus grands héros de la bande dessinée doivent tout, ou presque, au petit chapeau rose. Comme les plus grands artistes, je vous le dis. Même Zavatta, le célèbre Achille, s'en est inspiré pour coiffer son acolyte blanc. Dans la vie pratique, sans cuberdon, pas de manœuvres pour l'obtention du permis de conduire. Ni de cônes pour délimiter les zones de sécurité sur les chantiers mobiles le long des autoroutes. Et sans chantiers mobiles, pas de renouvellement des lignes, et sans renouvellement, pas de lignes. Donc l'anarchie. Le cuberdon sauvera le monde, croyez-moi. Cuberdonaires de tous les pays, groupez-vous et demain, le monde sera plus conique.

Les beignets aux pommes

Beignets, croustillons, lacquemants, gaufres, ah, le Belge aime la pâte au beurre et le sucre impalpable ! Les beignets aux pommes ont cependant un caractère plus familial. Celui des courts après-midi d'hiver où la nuit commence à tomber dès l'heure du goûter. C'est le moment d'éplucher les pommes. Chez une de mes grands-mères, il fallait monter au grenier, s'éclairant à la lampe de poche. On n'avait pas tiré de câble électrique jusque-là. Il y avait des toiles d'araignées et une odeur douceâtre dans l'air. Celle des pommes. Des centaines de pommes mises à sécher « sur le grenier ». Nous en avions pourtant mangé tout l'été. Des dizaines de kilos étaient partis au pressoir et nous avions du jus pour tenir un siège. Les pommes de l'hiver étaient différentes. Nettement moins juteuses mais toujours savoureuses. C'étaient celles des beignets et des tartes.
Pour les beignets, je pouvais mettre la main à la pâte. Rien qu'à la pâte, bien sûr, la friture, c'est bien trop dangereux quand on est haut comme trois pommes.

La recette était simple. Je vous la confie

– 250 g de farine
– 1/2 cube de levure de boulanger
– 1 cuillerée à soupe d'huile
– 1 œuf, eau tiède
– 4 pommes

*• Mettre la **farine** dans une terrine • Faire un puits et y placer l'**huile** et la **levure** délayée dans très peu d'eau tiède • Mélanger avec une spatule en ajoutant de l'eau tiède jusqu'à obtenir une pâte qui forme un ruban • Ajouter un **blanc d'œuf** battu une minute à la fourchette • Laisser reposer 2 heures • Éplucher les **pommes**, les couper en rondelles régulières, le cœur ayant été évidé • Les mettre dans la pâte à frire • Prélever une rondelle avec la pâte qui lui est attachée et plonger dans l'huile bouillante • Laisser dorer • Égoutter, sucrer et servir chaud.*

Parfois, pour donner un air de fête supplémentaire, les quartiers étaient mis à macérer dans du rhum brun. Quel bonheur !

Le chocolat aux noisettes

Vous ne le savez peut-être pas, mais à l'instar du chocolat fourré à la crème de banane (qu'il ne faut sous aucun prétexte confondre avec la banane au chocolat, qui elle se pratique avec la banane à l'extérieur), le chocolat aux noisettes fait partie de notre patrimoine national. Non, pas celui où c'est les marmottes qui mettent les noisettes et ferment le paquet en faisant comme ça. Non, je veux parler de celui avec l'emballage rouge, blanc et transparent, le Callebaut de chez nous. Bon, d'accord, il est parfois compliqué de s'y retrouver dans la guéguerre des marques. Entre le Meurisse avec le même pelage ou presque, il y a quelques années, au Jacques aujourd'hui avec des couleurs différentes, c'est un peu le pot à encre. Mais, il y a un mais, l'important ce sont les noisettes, quelle que soit la marque. Ces grooooooosses noisettes craquantes, croquantes, qui vous laissent de quoi jouer avec vos interstices dentaires pendant à l'aise deux ou trois heures. Ces noisettes sans peau, à la chair ambrée. Mais, il y a un mais, l'important, c'est le chocolat. Au lait, forcément. Le noir noisette a ses adeptes, mais d'un point de vue équilibre des saveurs, le monde parfait est au lait une fois pour toutes. C'est que les parfums du chocolat au lait et la saveur des noisettes se rejoignent précisément. Le lait utilisé pour élaborer le chocolat au lait est réduit en poudre. Il est un peu impossible d'élaborer du chocolat au lait avec du lait liquide, cela se nomme alors un Cécémel, et c'est à une autre page. Comme ce lait est transformé en poudre, grâce au procédé inventé par Nestlé il y a bien longtemps déjà, il a un petit goût caramélisé de noisette, grâce à sa « cuisson ». Il est donc logique, d'un point de vue harmonie, de mêler les deux. De toute façon, il n'y a pas de discussion possible. Pourquoi ? *Pas'ke c'est s'tainsi, camarade !*

La gosette

Ce qu'il y a de difficile dans la gosette n'est pas de l'acheter ou de la manger mais de la manger en conduisant. Pourquoi vous parle-je de ça, objectez-vous ? Vous est-il déjà arrivé de faire l'acquisition d'une ou de plusieurs gosettes encore tièdes et de les déposer à côté de vous sur le siège passager ? Non ? De là votre objection. Faites le test, vous verrez. Il y a d'abord l'odeur qui filtre doucement à travers le papier d'emballage. Ensuite, votre ventre qui se manifeste plus ou moins bruyamment en fonction de son état de manque. Enfin, il y a une espèce de bouchon à la sortie de la ville qui commence à vous agacer quelque peu. C'est fatal, si vous êtes normalement constitué, vos yeux vont dériver de plus en plus vers le siège passager. Alors là, de deux choses l'une. Soit vous n'avez acheté qu'une gosette pour vous, il vous est donc facile de céder à la tentation sur-le-champ, vous repasserez bien devant une autre boulangerie plus tard. Soit vous disposez de plusieurs spécimens en vue d'un goûter entre collègues, amis, enfants ou encore amoureux. Si la quantité peut souffrir une diminution de un, vous n'allez pas hésiter. Dans le cas contraire, c'est l'affreux dilemme. En manger une mais devoir faire demi-tour dans le trafic dense pour compléter le nombre ou faire preuve de maîtrise et perforer un ulcère à l'estomac de stress.

Pour revenir à mon propos initial, ce qui est dur, c'est de manger une gosette en conduisant. Je n'avais pas prévu toute cette digression sur le siège passager, mais vous m'y avez insidieusement amené. Merci. Manger une gosette en conduisant tient du record olympique si elle est encore un rien tiède et que les pommes, les cerises ou les abricots fondent dans la bouche, car à un moment où l'autre, la catastrophe va se produire et la chemise immaculée va morfler, c'est mathématique. Il y a toujours un instant où tout bascule et alors, il ne reste plus qu'à s'en mordre virtuellement (n'en rajoutons pas) les doigts et à penser à les mettre dans le coffre la prochaine fois parce que, misère de misère, cette chose-là, c'est vraiment trop bon !!!

Le misérable

Quel nom pour un gâteau ! Non, mais je vous le demande, y a-t-il un autre pays au monde où l'on pourrait nommer une chose aussi bonne de cette manière un peu, heu... hugolienne ? Il n'est rien de plus complexe que la recherche des origines du nom d'un gâteau. Le merveilleux, c'est évident, c'est merveilleux, le far breton, c'est breton, jusque-là, pas trop complexe. Il en va de même pour la tarte au sucre, qui est au sucre, celle à l'ananas doit tirer son nom de sa composition aussi, je crois. Le macaron de Beaumont est donc un macaron venant de la petite ville de Beaumont, la babelutte de Furnes vient aussi à ce qu'il semble de Furnes.

Oui, c'est bien beau tout ça, mais bon sang de bois, d'où vient ce misérable ? J'ai cherché un moment du côté des animaux, ben oui, on connaît tous le célèbre misérable de lièvre, sans parler du sirop de miss Érable 02, une belle blonde canadienne. Cela ne nous avance pas, j'ai exploré l'œuvre complète d'Hugo, Victor, hein, pas Boss, cela fait des mois que je ne dors plus à force de lire. Ô combien de marins, combien de capitaines dans cette morne plaine de Waterloo poursuivis par ce bon vieux Javert ? Peut-être que ce gâteau est le favori du petit Gavroche ? Rien de rien de rien. Bon, si quelqu'un connaît l'origine certaine de la chose, qu'il n'hésite surtout pas à me le faire savoir, c'est devenu une question de sommeil pour moi. Quoi qu'il en soit de ce nom, pour le reste, cette génoise aux amandes, cette crème au beurre à la vanille, il n'y a rien de plus simple, rien de plus clair. C'est presque de la BD nationale, de la ligne claire. C'est fondant, le contraste entre le relief des amandes et la souplesse de la crème est magnifique. C'est la Sixtine dans chaque cuillère à café. Ajoutez-y le côté virevoltant du sucre impalpable de la surface et ça devient presque un mirage. C'est ça, le misérable est un mirage à l'image des plaines humides de nos contrées, un mirage qui se reflète dans les chicons, les beffrois et les tea-rooms. Eurêka ! Je sais ! Je viens de comprendre au détour d'une pensée ; c'est juste parce qu'après la dégustation de la chose, on se sent misérable d'être arrivé si vite au bout de l'émotion. Vu le poids volumique de la chose, il est plutôt inconcevable de s'en enfiler deux à la suite. Après le premier, un sentiment de tristesse profonde nous envahit, donc nous laisse sur les rives de la gourmandise, nous fait comprendre que nous serons misérables jusqu'au prochain. N'est-ce pas, Cosette ?

Le melo-cake

Le jeudi 29 septembre 2005, au Sacré-Cœur de Linthout, le menu du midi proposait comme dessert un melo-cake. Le 21 septembre de la même année, l'Institut de la Providence de Woluwe avait déjà proposé un melo-cake comme dessert à nos chères têtes blondes. Sur le site Web adoskuat.com, le 10 avril de la même année, un pauvre jeune ado émigré en France criait sa tristesse de ne pas en trouver dans ce grand pays de gastronomie. Le site de pure making of de la RTBF donne un exemple de dégustation du melo-cake en février de cette année, toujours. Pour le menu du 19 septembre, le lycée Charles Plisnier de Saint-Ghislain proposait des melo-cakes au dessert. Melo-cake est aussi pilier dans l'équipe de rugby d'Ixelles, les Kibubu. Le blog de julie-tteboussart parle de la sensualité qu'il y a à enlever d'abord la couche de chocolat du melo-cake. Le blog des fans d'Indochine, le groupe, pas la région, y savent même pas où c'est, est fan aussi de melo-cakes. Bon, d'accord, les preuves sont irréfutables, le melo-cake fait bien partie du goût des Belges. Même s'il semble qu'il soit surtout du goût des ados et plus particulièrement des romantiques. Il faut dire que la façon de manger le melo-cake est particulière. Il serait vain et ridicule de se lancer à l'assaut de la chose d'un seul coup d'un seul. D'abord, l'espèce de truc blanchâtre du milieu serait irrémédiablement écrasé, et ça, ça gâche. Il faut donc attaquer un morceau de la coque, évider savamment l'intérieur à l'aide de la langue sans faire intervenir les doigts, sinon ça gâte le goût. Une fois cette opération périlleuse terminée, on peut s'attaquer au biscuit du fond et au chocolat en même temps. Ce petit tour de langue n'est pas évident à réussir du premier coup, il faudra donc recommencer plusieurs fois avant d'y parvenir ; un entraînement régulier est fondamental, c'est d'ailleurs pour cela que les melo-cakes se vendent en gros paquets. On trouve dans certaines épiceries de village des melo-cakes à la pièce. Ils sont là surtout pour aider les jeunes scouts en plein sevrage à cause du manque d'espace dans les sacs à dos.

Le melo-cake est vendu en boîtes mauves, à cause de la vache Milka.

La frangipane

Ah, que serait le Belge sans frangipane ? Que l'ombre de lui-même, c'est sûr. Car de la frangipane, il en mange toute l'année, ce petit gourmand, et tous les pâtissiers l'ont bien compris. Le Belge et les amandes, c'est une histoire d'amour. En ce qui me concerne, je fais aussi dans les amendes, et si mon commissaire de police apprécie cet ouvrage, je lui saurai gré d'avoir l'immense amabilité de classer sans suite mon dossier « roulage ».

Pour faire de la frangipane, il faut donc des amandes.

En poudre, parce qu'entières, la pâte est plutôt difficile à travailler. De la poudre d'amandes, du sucre, des œufs et du beurre. Une ou deux gouttes d'un bon rhum brun ne sont pas de trop, mais évitez le Bacardi, pardi, ça fait tache dans la recette.

Il faut aussi de la pâte feuilletée. Un moule à tarte ou à gâteau, un four et vous voilà paré pour la grande aventure. Dans la version plus simple, rendez-vous chez un bon pâtissier, cela évite bien des déceptions.

La plus célèbre des frangipanes belges contient une fève. Qu'il convient de ne pas avaler, sinon c'est foutu pour la couronne et cela déclenche des disputes à l'heure du goûter, le 6 janvier. Fêter l'Épiphanie, les Rois mages, est une institution dans nos contrées. En général, le sapin n'a pas encore perdu toutes ses aiguilles et comme il y a toujours de bonnes raisons de se trouver une reine ou un roi, pourquoi ne pas en profiter ?

Les couques

« Bonjour, je voudrais trois couques au beurre, oui, les pas trop cuites, deux au chocolat et deux aux raisins. Oui, ce sera tout. Merci. »
Mais que sont donc ces couques dont je parle ? me demanderait un ami étranger m'accompagnant à la boulangerie.
Il est vrai que sous le vocable « couque » en Belgique, selon les régions, on sous-entend des choses parfois fort différentes. Ainsi, cela peut signifier, dans certaines contrées reculées de Wallonie, un sandwich mou. Il y a aussi les couques de Dinant, qui n'ont rien de mou, et les couques suisses (ou couilles suisses) qu'il ne faut pas confondre avec les couques aux raisins. À raison.
Les couques dont je vous entretiens sont au beurre. Elles se nomment pour la variété au chocolat « pain au chocolat » de l'autre côté francophone de nos frontières ou encore pour la version aux raisins « petit pain aux raisins ».
Voilà, maintenant que les choses sont claires, parlons de la couque de base : la couque au beurre. Elle ressemble vaguement à un croissant dont on a ramassé la pâte en boule. Elle est cependant plus sucrée et plus consistante.
En général, si le boulanger n'a pas lésiné sur le beurre et sur le sucre, elle se plaque contre le palais, ce qui a le mérite de prolonger son goût mais de gêner quelque peu l'élocution, et ses miettes viennent se loger sur la face externe des dents, ce qui contre-indique le sourire ultra-bright à moins d'avoir perdu tout sens commun.
Son goût est inimitable et j'ai déjà eu l'occasion d'entendre des Belges exilés aux quatre coins du monde se plaindre de ne plus pouvoir en savourer. En règle générale, la couque au beurre se mange telle quelle, mais la bienséance n'empêche pas d'y adjoindre une couche de beurre et quelques cuillères de confiture. On n'a jamais que le bien qu'on se fait ! Le café fort est de mise et rien que d'en parler, il me vient des envies...
La couque aux raisins ressemble à la première si ce n'est qu'elle contient un bon paquet de raisins de Corinthe. Dans le sac en papier de la boulangerie, il est parfois malaisé de les distinguer, sauf si un raisin a décidé d'aller se loger à l'extérieur de la chose pour en permettre l'identification rapide. On peut lui faire également le coup du beurre et de la confiture.
La couque au chocolat est, quant à elle, truffée de petites boules de chocolat. Il y a un risque de se salir les doigts et d'en mettre partout quand on la mange au volant, mais hormis ce point de détail, le bonheur est complet !

Le merveilleux

Il n'est que chez nous qu'il est possible d'inventer une pâtisserie avec un nom pareil. Deux ronds de meringue, un peu de chantilly entre les deux, et des râpures de chocolat tout autour. Quoi de plus simple ? Chez certains chichiteux, on ajoute une cerise au marasquin sur le sommet, genre de truc sans intérêt qui n'ajoute rien au goût splendidement simple de la chose. Je connais aussi de dangereux maniaques qui remplacent les râpures de chocolat par une feuille complète, pour le look, disent-ils. Sots qu'ils sont, ils cachent les volutes de la crème fraîche, sa blancheur virginale, pour mieux déséquilibrer la chose par trop de goût de chocolat. Et je n'évoque même pas pour vous ces fous en liberté conditionnelle qui fabriquent des merveilleux glacés, avec du sorbet kiwi, cassis ou autre horreur sans nom en lieu et place de la crème. Le plus beau merveilleux (n'est-ce pas magnifique de pouvoir écrire le plus beau merveilleux ? Voilà le plus grand des belgicismes) doit être mangé par une vieille dame digne à chapeau ou presque, dans un salon de thé un rien moche, éclairé au néon, accompagné d'un thé en sachet. Elle grignote sa friandise, la lippe gourmande, de temps en temps elle jette une miette en offrande au dieu caniche qui traîne non loin d'elle, et lorsqu'elle attaque le papier en corolle, marqué du nom du pâtissier, elle use de son doigt un peu tremblotant pour ramasser les derniers instants de son bonheur du jour avant de s'en retourner devant Pascal Sevran.

Le Frisko

Le Frisko est à la Belgique ce qu'est l'Esquimau à l'Alaska. Même s'ils étaient trois autour d'un brasero à en écouter un autre qui, sur son banjo, rythmait le mortel ennui d'un pays au soleil de minuit. Y a pas d'soleil en Alaska. Outchi, outchi awawa. Y a pas d'soleil en Alaska mais à la côte belge, on espère qu'il y en aura l'été prochain.
Ah, la côte belge, le mortel ennui de ces plages surpeuplées, de ces ballons qui vous sautent à la tête, de ces serviettes qui vous envoient du sable dans les yeux en s'envolant, de ce bruit tout autour. J'allais piquer du nez quand tout à coup, je l'entendis venir. Le petit vendeur de friskos avec sa grosse boîte réfrigérée en bandoulière. Friskoooooo. Ah, comme c'était bon. Je m'étais laissé aller à râler, une fois de plus, oubliant les heures insouciantes de ma jeunesse occupées à tâter du jokari et du matelas pneumatique. La lumière de l'après-midi et le sable sec brûlant quand on revenait de la mer, les cheveux collés par le sel. Friskoooooo.
Je n'y avais pas droit tous les jours. Mais quelle fête, quand j'avais été assez sage pour le mériter.

Je prenais le frisko tout simple. Celui avec sa croûte en chocolat qui une fois sur deux me tombait glacée dans le nombril. Il finissait toujours par se mettre à fondre un peu partout sur mon maillot, mais qu'importe car on retournait quand même à l'eau dans le quart d'heure qui suivait. Pas de méga-frisko à l'époque. Le magnum n'existait pas encore. Juste le frisko au chocolat et celui aux noisettes. Mais ma mère avait décrété que les noisettes, c'était pour les grands, alors qu'est-ce que vous voulez ? D'ailleurs, une fois, j'ai goûté et c'était vachement moins bon. Tant mieux.

La Mandarine Napoléon

D'après certaines bribes d'histoire accrochées à ma mémoire, un peu comme les brins de foin de ma jeunesse impétueuse, je crois me souvenir que la région de l'Entre-Sambre-et-Meuse est la région d'Europe qui a perdu le plus de fils sur les champs de bataille de l'Empire. Proportionnellement à ceux qui étaient partis. Pourtant, il n'y a qu'à se trouver à l'aube de la Saint-Roch à Thuin, de la Sainte-Rolande à Gerpinnes, de toutes ces fêtes exceptionnelles de la région, pour comprendre que la rancune n'est pas une caractéristique locale. Au son des fifres et des tambours, vêtus des uniformes des armées de cette époque terrible, soldat d'un jour, officier de location et cantinières par amour escortent les châsses dans des pèlerinages où le païen le dispute parfois au sacré. Tout ça pour introduire la Mandarine Napoléon. C'est dingue. Quel travail, personnellement, je n'en reviens pas. La Mandarine Napoléon n'a rien à voir avec les marches, sauf peut-être lorsqu'elles sont à la fin, alors tous titubent de la même manière. Buveurs de Mandarine et marcheurs d'Empire, unis dans un même pas fatigué. La Mandarine est une spécialité nationale, à base d'écorce de... mandarine et d'alcools. Elle est élaborée depuis quelques décennies par les établissements Fourcroy à Bruxelles. C'est même eux qui en possèdent la recette originale. La Mandarine est la compagne idéale des crêpes flambées et des petites Madamekes qui les consomment le long des digues d'Ostende ou d'ailleurs, d'un air digne l'après-midi, un bichon pour tout compagnon.

Les croustillons

Dans notre pays de cocagne, les foires tiennent une part un peu spéciale. Une des plus grandes de l'année a lieu à Bruxelles, on la nomme du Midi en référence au gigantesque navire de pierre, de béton et de peintures jaunies que l'on nomme la gare du même nom. Le croustillon est une spécialité liégeoise, et il n'y a pas d'autre endroit que la très célèbre foire de Liège pour les savourer. Pour bien apprécier les croustillons, il faut un fond de crachin, voire de drache, mais pas une de ces grossières pluies tropicales, un de ces ridicules orages d'été, sauf au 15 d'août en Roture. Le croustillon se déguste couvert de sucre impalpable, en se brûlant au minimum le bout des doigts, voire un peu le palais. Les croustillons se mangent en marchant et se terminent en s'époussetant tant et plus. Ne pas oublier de sucer méticuleusement le bout de chaque doigt avant de laisser tomber la barquette en carton. Dans une poubelle !

Pour 4 personnes

– 200 g de farine de blé
– 15 g de levure fraîche de boulanger
– 10 cl de lait entier
– 1 cuillère à café de sucre en poudre
– 10 cl de bière blonde ou ambrée
– 1 œuf
– 25 g de beurre
– 1 pincée de sel
– sucre impalpable

*• Délayez la **levure** dans le **lait** tiède après l'avoir légèrement sucrée • Tamisez la **farine** dans le mélange et ajoutez le **jaune d'œuf**, le **sel**, la **bière** et le **beurre** fondu • Battez le **blanc** en neige ferme et incorporez-le délicatement à la préparation • Couvrez d'un linge et laissez reposer +/- 30 minutes jusqu'à ce que le volume soit doublé • À l'aide de deux cuillères à café, faites des petites boules de pâte et faites frire une minute chacune (à 180°C environ) • Égouttez sur papier et servez avec du **sucre** impalpable.*

La tarte au fromage

Il y a toujours un bout de tarte au fromage blanc qui traîne quelque part dans la mémoire des papilles belges. Que ce soit une tarte au stofé de Wavre, une tarte ardennaise, une tarte de Namur ou encore de Bruxelles, la douceur du fromage blanc sucré et l'acidité des pommes reinettes font partie de notre patrimoine génétique gustatif autant que le cornet de frites fumant.

Le « stofé » ou fromage blanc maigre se travaille avec des œufs, du sucre fin ou de la cassonade, des amandes, des jaunes d'œufs. On y ajoute des macarons d'amandes pilés et mis à tremper dans du rhum depuis la veille si on est puriste. La magie ultime vient de l'incorporation, en fin de préparation, des blancs d'œufs montés en neige.

La pâte est d'abord garnie d'une fine couche de compote de pommes puis du nuage mousseux de fromage travaillé. Si, de temps en temps, il y reste un petit îlot de fromage pur, c'est tant mieux, ça donne du caractère à l'ensemble.

Une tarte au stofé de Wavre ne se prépare jamais seule. Là-bas, elles vont toujours par trois ou cinq, c'est comme cela. Certes, la réalisation d'une bonne tarte au fromage nécessite une certaine habileté. Sa dégustation par contre ne pose aucun problème, si ce n'est celui de s'arrêter.

Le pain à la grecque

L'histoire est jolie et figure dans maints ouvrages de gastronomie et guides touristiques. Je ne vais donc pas résister au plaisir de vous la conter. C'est une histoire de langue, et comme celles des chats font aussi partie de nos goûts, je ne me prive pas non plus de cette dernière phrase. Il était une fois dans cette bonne ville de Bruxelles une communauté de frères. Nommée Frères du Tiers Ordre, et tout donne à penser qu'ils devaient être effectivement peu ordonnés. Jugez de ce qu'il s'est passé ! Nous sommes il y a plus de 175 ans, au XVIe siècle plus précisément. Un jour, alors que la drache faisait crépiter les pavés du Fossé-aux-Loups, un frère boulanger français revêtu d'une longue pèlerine s'annonça à l'huis du couvent. Bon accueil lui fut fait. En son honneur, les cuisiniers du Tiers Ordre cuisirent du pain français. Comme je l'ai dit plus haut, il régnait en ces lieux un tel désordre que même une gatte n'aurait pas retrouvé ses petits et ce qui devait échoir, échut. Et bien échu. Dans le gros sucre. Miam, miam, miam, firent les petits frères en dégustant cette baguette sucrée et en se hâtant d'en préparer quelques kilos de plus.
Le « bruut van de Grecht » (pain du fossé) était né. Et il fut du goût, des lustres plus tard, des troupes françaises en petit stage d'occupation à Bruxelles. Ils n'arrêtaient pas de déserter le camp pour aller acheter du pain à la grecque.

Voilà comment naissent les belles histoires et les douces friandises. Le pain à la grecque, parfois très friable, se coupe à l'aide d'une grecque, sorte de couteau-scie, toujours utilisé de nos jours. S'il n'y en a qu'un à recommander, dégustez le pain à la grecque de la maison Dandoy.

La praline

Ouais, Madame Van Pee, votre strattier a encore posé une praline sur mon paillasson. Heureusement pour elle, Madame Van Pee est de chez nous depuis longtemps, elle sait ce qu'est une praline. Pour peu qu'elle eût été de France par exemple, elle eût pu se demander de quoi il retournait. Je ne dis pas pour le strattier, ni pour le paillasson, mais, dame ! pour la praline. Cette merveille, plaisir de nos palais royaux depuis quelques nombreuses années, doit sa naissance à un pharmacien suisse. Merci l'histoire de Belgique, n'eussions-nous point été aussi souvent envahis et sous domination étrangère, nous n'eussions pas été aussi créatifs. Ce brave Monsieur Neuhaus eut, il y a un ballotin d'années déjà, l'idée fulgurante d'utiliser des moules en creux pour y couler du chocolat liquide. Après une petite manipulation, on obtient de belles coques qu'il n'y a plus qu'à fourrer. Avec de multiples saveurs, matières et textures. Chez nous, le praliné règne en maître, mais il est d'autres producteurs, d'autres chocolatiers qui ont découvert d'autres goûts. Nous devons aussi à cette époque l'invention du ballotin, mais ça, nous ne le mangeons pas directement, donc pas le sujet du jour. Chez nous, la praline est plutôt grosse. Elle pèse entre 15 et 18 grammes, et se mange difficilement en une seule bouchée. Malheureusement, la plupart d'entre nous se sentent obligés de les conserver au frigo, ce qui est une catastrophe gustative. Imaginez une praline classique fourrée de crème fraîche sortant du froid. On a l'impression de croquer dans du beurre frais. Vous avouerez que c'est plutôt moyen comme sensation. Depuis quelques années, des artisans praliniers ou chocolatiers s'efforcent de changer les habitudes. Des chocolats plus petits, des saveurs plus originales et des formes un peu différentes. Le chocolat de chez nous se réveille doucement. Et c'est une bonne nouvelle.

La praline en ligne

www. neuhaus.be, www.galler.com et www.marcolini.be

La mousse au chocolat

Dans ma famille, nous ne sommes pas vraiment nombreux, et chez nous, ce sont les hommes qui cuisinent. Enfin, pas moi, j'ai choisi d'autres trucs. J'écris, par exemple. Bref, tout ça pour vous dire que je vais vous livrer la recette secrète de mon frère. Quand c'était encore mon père qui la faisait, il m'arrivait de tremper négligemment le doigt dedans, mais ça faisait les ongles sales. Depuis que mon frère s'en occupe, je plonge plus volontiers dans la mousse au chocolat blanc, ne dites rien, je sens bien que cela commence à vous fatiguer. Des actes, des faits ! En voici, en voilà :
Mousse au chocolat pour 10 personnes. Ben oui, pourquoi toujours pour quatre ? Ils font comment dans les familles nombreuses, d'habitude ? Ben, cette fois, ce sont les petites familles qui vont diviser pour mieux manger. Allez hop ! au boulot.

Allez hop ! au boulot

- *10 jaunes d'œufs*
- *10 blancs d'œufs*
- *250 g de sucre*
- *1 litre de crème fraîche à 35% de MG*
- *500 g de chocolat noir à 70% de cacao*

Montage

• Avec les jaunes plus la moitié du ***sucre****, faire un ruban • Laisser fondre le* ***chocolat*** *au bain-marie sans rien • Monter les* ***œufs*** *en neige et ajouter le reste du sucre en pluie pour en faire une meringue • Monter la* ***crème fraîche*** *aux 3/4 (quand on voit les traces du fouet, c'est là que ça commence à devenir bon), ajouter le chocolat dans le ruban, mélanger • Ajouter ce mélange à la meringue • Et terminer par la crème fraîche • Laisser reposer pendant une heure.*

Dégustation

• Prendre un doigt de bonne taille, de préférence un majeur • Vérifier qu'il ne comporte pas de bijoux de famille ou autre • Tremper le doigt jusqu'à la deuxième phalange, plus ce serait exagéré • Ne pas oublier de replier le doigt avant de sortir du pot de mousse pour en prendre plus • Porter cette demi-tonne de mousse à votre bouche, bien sucer le doigt avant de recommencer • Pour les âmes sensibles, je recommande le biscuit langue de chat ou à la rigueur, pour ceux qui sont au régime, une cuillère à café • Mais il faut bien avouer que cela n'a pas du tout le même goût !

Le beurre

Chez nous, le beurre, aussi, est communautaire, pas encore communautarisé, mais différent au nord et au sud, c'est sûr et certain. Au nord, le beurre est doux, sans sel, nature, quoi. Au sud, il est salé. Ma famille est sudiste et chez mes parents, on achète le beurre dans la même ferme depuis plus de vingt ans. Un jour, alors que j'étais de corvée récupération, j'ai assisté à la fabrication de la chose. La maman de Jacques, car c'est elle qui fait le beurre, utilise la crème de toute la semaine.

Cette crème est stockée en cave, à température constante mais pas glacée. Ce stockage a pour but de permettre à la crème de mûrir. Cette maturation lente influe très fort sur le goût du beurre. Elle est barattée le lundi, si ma mémoire est bonne. Dans une baratte en bois située dans une pièce réservée à cette pratique. Lors du barattage, le dosage du sel est fondamental. Quand je lui ai demandé, elle m'a dit : « à peu près comme ça » en jetant quelques poignées de gros sel dans le beurre en fabrication. Combien ? Pourquoi ? C'est son secret. Et puis vient la finition, le moulage à la main dans un moule en bois de petites pièces de 125 grammes. Elles sont tellement petites que le papier d'emballage est marqué à 250 grammes. Ce beurre, il change de couleur suivant les saisons : en été, il est fort jaune, en hiver fort blanc. Là-bas, les vaches sont nourries d'herbe, d'herbe et encore d'herbe. Et de tourteaux de betteraves. Pas de granulé, pas de farine, c'est une ferme d'un autre temps peut-être, mais ils ont tout compris. Parce qu'il mûrit aussi quelques jours, le beurre est goûteux, savoureux, tellement qu'il déconcerte les citadins. Un jour, il y a quelques années, un client m'appelle et me dit que mon beurre est rance. Cela peut arriver, c'est surprenant, mais je ne discute pas. Je vais au frigo, je prends une autre pièce que je coupe en deux, que je goûte et dont je porte l'autre moitié à table. Même pas trois minutes plus tard, le même zozo me rappelle et me redit que mon beurre n'est pas bon. Je lui explique que je viens de le goûter, qu'il est tout frais, et lui demande ce qu'il reproche à mon beurre. Et lui, benoîtement, de m'expliquer que c'est parce qu'il a du goût. Pauvre homme, pauvres que nous sommes, de préférer les barquettes en plastique ou les portions sous papier argenté au beurre de ferme simplement parce qu'il a du goût. Le beurre de mon village n'est pas repris dans l'AOP « beurre d'Ardenne », mais il est presque aussi bon. J'ai failli vous donner l'adresse de la ferme de Jacques et de sa maman, elle est à gauche de la route qui serpente en montant la grande côte quand on quitte le village en allant vers Sivry. Plus que ça je ne vous donne pas, car les campagnes sont encore peuplées, sinon c'est à désespérer, de Jacques que vous connaissez. Ne les laissez pas tomber, des règlements pleins de bonnes intentions, qu'ils soient européens ou régionaux, veulent « assainir » les fabrications. Les technocrates veulent du propre, du clean, du brillant, et surtout pas de goût, pas de trace, pas d'histoire. L'histoire est à la fois l'ennemie du technocrate et du marketing. Un produit qui vient de quelque part, avec un goût spécifique, cela ne se vend pas comme une savonnette.

Le cramique

Le cramique est originaire de l'ouest de la Belgique, du Tournaisis, mais il semble aussi que ce soit une recette transfrontalière, transgenre aussi. Le cramique chez nous est une cramique outre-Quiévrain. En fait, les deux produits n'ont pas grand-chose à voir l'un avec l'autre. À l'origine, il semble qu'il s'agissait d'un pain-gâteau réalisé spécialement pour les fêtes locales. Les raisins et la pâte plus légère sont arrivés plus récemment. En France, même si le Nord est plus belge que français, on parle d'une cramique qui est une pâtisserie briochée avec un peu de chocolat et des raisins. Tandis que chez nous, c'est un pain brioché avec des raisins. En fait, on s'en fout de cette différence, ce qui compte, c'est la tartine de cramique, grillée, enduite de beurre salé et trempée dans une tasse de chocolat chaud quand la pluie tombe horizontalement. Que peut-on espérer de mieux de la vie ? Le cramique se mange aussi sans être grillé mais toujours avec du beurre salé, pour augmenter le contraste. Une belle tartine de cramique, moelleuse à souhait, où le beurre creuse des cratères quand il est trop froid, où la mie colle un peu aux dents et où l'on perçoit encore le froid du beurre contre les gencives... Dans certains hôpitaux, le cramique est proposé aux patients le dimanche, comme une friandise, un petit goût de bonheur. À ce sujet, le cramique/margarine ou beurre frigotartinable sans sel est interdit par l'article 107 quater de la convention de Genève. Il semblerait que ce soit contraire aux Droits de l'homme et des petits-enfants. Il semblerait que certains économes et diététiciens s'y opposent, mais il s'agit d'un ridicule combat d'arrière-garde, le cramique beurré salé triomphera bientôt de l'obscurantisme.
On parle aussi, mais sans preuve irréfutable, de peuplades mangeant le cramique nature en direct du sachet.
Nous attendons avec impatience la prochaine livraison des *Carnets du bourlingueur* pour en savoir plus.

Les ours en gomme

Les historiens font remonter l'origine du bonbon à 3000 ans, mais c'est au Moyen Âge que son usage commence à se préciser. Et bien sûr, comme tout produit de luxe, c'est à la cour qu'il fait son entrée.
Le bonbon se consomme alors sous forme de confiture, c'est-à-dire de fruits confits, lors de grands événements, ou sous forme de calissons, de dragées, de massepains, de macarons, de confitures sèches, de pastilles, de sucres d'orge.

Les saveurs étaient élaborées à partir de fleurs et de fruits. Avec la betterave à sucre et le XIXe siècle, le bonbon devient populaire. Il est fabriqué dans les officines, les couvents ou chez les confiseurs.

Les gommes sont apparues dans les années 50. On peut d'ailleurs dire sans trop se tromper que les ours en gomme sont l'un des changements majeurs de l'après-guerre. En effet, outre leur sourire ravageur et leur prénom en « y »,
les GI avaient la fâcheuse manie de chiquer. Avec leur venue, la gomme arabique, sève d'un arbre mexicain, a pris d'assaut le territoire et les cuves des confiseurs.
Et arriva ce qui arriva. Le sac d'ours en gomme. Que ce soit le grand modèle pour famille nombreuse ou la petite pochette de l'épicerie en bas de la rue, nous avons tous mangé, nous en mangeons tous et nous en mangerons tous ! Pour ma part, j'ai un faible pour le grand sac. Dans l'armoire, il a
un effet rassurant. Quand il n'y en a plus, on est tout perdu,
un peu comme quand il n'y a plus de papier W.-C. ou de gel douche. Dans une maison, c'est indispensable et je parie que ce n'est pas vous qui allez me contredire. Moi, les noirs, c'est mon truc. Je les mange toujours à la fin et tous à la fois.

Les lards

Au rayon confiserie, on tient le bon bout en Belgique et on n'a que l'embarras du choix. Le gros problème, avec les lards, c'est qu'il y a un âge pour les manger, ce n'est pas comme pour la lecture d'un album de Tintin permise de 7 à 77 ans ! Avez-vous déjà vu un adulte, non accompagné d'un morveux aux genoux éclatés, s'asseoir nonchalamment sur un banc au soleil, sortir un sachet de lards de sa poche et prendre le temps de les déguster ? Non ! Et pourtant, ce truc, nous en avons tous mangé et nous en avons toujours le goût en mémoire. De là à renouer avec la tentation, il n'y a qu'un pas, franchissons-le.

Le lard est une gomme, un gélifié, un mélange de sucre et de gélatine qui se décline en version « au chocolat » ou « sans chocolat ». Le lard étalon mesure une dizaine de centimètres et colle vaguement aux doigts.

Mais nettement moins qu'aux dents ou au palais.

À ce propos, je me permets une petite remarque : s'il est vrai qu'il n'y a pas d'âge pour les manger, leur consommation est cependant déconseillée aux porteurs de dentier ou de dent-pivot pour risque de fausse déglutition. Il existe aussi des mini-lards de goût tout à fait similaire et qui se mangent en une seule bouchée. Si cette taille est pratique, de tels lards sont réservés aux urgences quand on n'a pas la possibilité de tenir un lard entier en main.

La version « au chocolat » est la plus sympathique des deux. Quand on joue à tordre la chose avant de l'engouffrer, les craquements de la couche externe de chocolat sont du plus bel effet. Par ailleurs, le goût du chocolat n'est pas de trop pour compenser une certaine insipidité qui fait pourtant le charme de ce bonbon.

La version « sans chocolat » est bicolore et se présente comme une tranche napolitaine tronquée d'un coloris. Il n'est pas facile de dissocier la saveur des deux couleurs d'autant qu'on les attaque généralement en même temps.

Voilà, vous savez ce qu'il vous reste à faire la prochaine fois que vous passerez devant un confiseur : en pousser la porte !

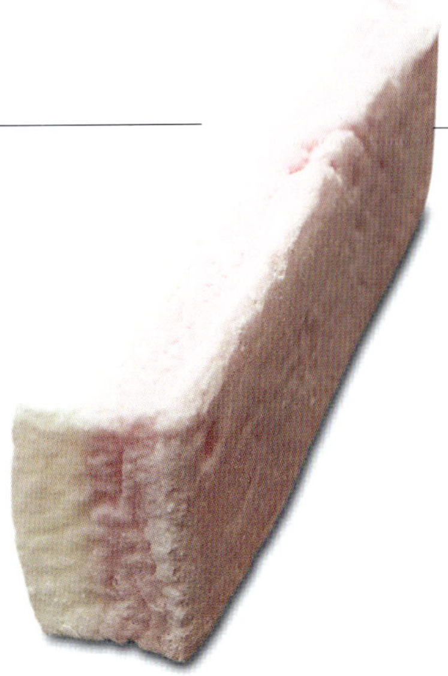

Index

info@svenlaurent.com

Conception graphique et mise en pages : Sandra Brys
Photogravure : Labogravure, Bordeaux
Impression et reliure : Imprimerie Lannoo, Tielt

Cet ouvrage a été achevé d'imprimer le 14 septembre 2007